JN187900

氣学カウンセラー
勝沼慧衣

二見書房

はじめに

人は皆、幸せになるために生まれてきます。宇宙（自然界）は、幸せになるためのエネルギーを惜しみなく注いでくれています。「氣学」は、その宇宙エネルギーを意識して受け取ることで、自分の個性を生かして豊かな人生を送れるようになる幸せな生き方の教え＝「人間学」です。

恩師・村山幸徳先生と氣学の教えとの出会いは、私にとって大きな転機となりました。

氣学を学び始めた頃、まずはできるところからやってみようと、本書でもご紹介している吉方取り「日盤吉方」を毎日実践してみることにしました。2週間が過ぎた頃「何かが違う」と感じ始め、2カ月が過ぎると、確実に出会う人のご縁が変わってきました。「これはすごい！」と思い、さらに続けたところ、1年で収入が2倍になり、とうてい縁のつかない人たちと次々出会うという奇跡が起こりました。そして私は、氣学のすごさを実感したのです。

氣学には多くの流派がありますが、この村山流氣学のいいところは「日々の生き方」を提示しているところです。毎日の生活の中に氣学を取りこみ、その積み重ねが気づきと成長をもたらし、豊かさにつながっていくのです。

宇宙の法則を知って生きるのと、知らないで生きるのとでは大きな差があります。一人でも多くの方が、氣学を実践して幸せで充実した人生を歩まれることを願っています。

最後に、本書を出版するにあたり、村山幸徳先生はじめ、ご協力してくださった皆様に心より感謝申し上げます。

勝沼慧衣

Contents

Step1

いいことばかりが次々起こる！「開運氣学」とは？

Step2

本命星でわかる本当のあなたの性格と運勢

Step3

吉方取りで「氣」のエネルギーを取りに行く

Step4

最大吉方でわかるあなたの開運アイテム

Step5

家相で部屋の「氣」を整えて開運する

Step6

恵方参りとパワースポットでもっと開運

付録

column

※ Step4 に掲載の写真はすべて著者私物です。写真はイメージです。

Step 1

いいことばかりが次々起こる！「開運氣学」とは？

目に見えない宇宙エネルギー＝「氣」の流れを味方にして運氣をつかむ！　それが氣学です。氣学とは何か、なぜいいことが次々起こるのか、基本をおさえましょう。

幸せを呼ぶ「氣学」って何？

「氣」＝エネルギーの流れを学び
自分で運命を切り開いていく
攻めの開運術です

氣＝宇宙エネルギーの流れを学び、味方にする

「氣学」をご存じですか？　はじめて聞いたという人もいらっしゃるかもしれませんね。氣学は、正式には「九星氣学風水」といいます。

氣学は読んで字のごとく、「氣」を学ぶ学問です。

氣学の「氣」とは、宇宙エネルギー、生命エネルギーのこと。古代の人々は、自然と一体になった暮らしの中で、宇宙のエネルギーが一定の法則にそって循環していることを見つけました。

その「氣（エネルギー）」を9つの性質に分類した古代中国の考え方「九星術」や「方位術」「風水」を中心に、同じく古代中国の「陰陽」「五行」などの考え方をあわせて体系化したものが九星氣学風水です。大正時代に日本人によって名づけられました。

自ら運命を切り開く攻めの開運術

あなたは自分を「生きよう」としていますか？　ただ「生きる」のと、「生きようとする」のでは大きな違いがあります。

自然界のすべての命は、生まれると同時に「滅（死）」に向かいます。人間も例外ではありません。そのため、流された生き方をしていると、誰でも、人生の障害やトラブルなど「滅」の方向へ引き寄せられてしまいます。

「氣」は方向性を持っています。自然界に生きる私たち人間は、「氣」の影響を大いに受けています。そして、その氣の流れ・循環に従えば栄え、逆らえば滅びます。

氣学では、自分を最大限に生かしてくれる「氣」の流れを学び、それを自分の人生に生かし、時に自ら「氣」を取りに行く（吉方取り＝Ｓｔｅｐ３

参照）ことで、自分の幸せを自分で作りだしていくことができます。

宿命は「宿る命」と書きます。性別や親は生まれたときに決まっていて、変えられませんね。でも、運命は「命を運ぶ」と書きます。命を運んでいくのはあなた自身。そう、運命は自分で変えられるのです。

氣学は、なりたい自分になる、生きたいように生きる、運命を自らの手で切り開いていく「攻めの開運術」なのです。

プラスを望み行動して運を引き寄せる

私の師である村山幸徳先生によると、私たちが「生きよう」とするとき、宇宙から「活かそう」とするエネルギーを受け取ることができます。ただ生きるのでは、宇宙の活かそうとするエネルギーに気づくこともできず、受け取ることもできません。

宇宙には無限のエネルギーがあります。宇宙は、求めたら求めただけ与えてくれます。それはよくも悪くも。

宇宙は善か悪かを判断することはしません。望んだら望んだとおりに返してくれます。プラスのことを望めば人生はどんどんいい方向へ行き、反対にマイナスのことばかり考えていると、人生は悪いほうへ悪いほうへと転がっていってしまいます。

これが「引き寄せの法則」です。ですから、あなたにはプラスにポジティブに、よいことをたくさん願ってほしいのです。

大昔から影響力があった氣学

体系化されて「九星氣学風水」と名づけられたのは大正時代の日本ですが、その元となる考え方の歴史は非常に古く、４０００～５０００年前に中国で生まれました。そして、聖徳太子が活躍する少し前頃の日本に、仏教とともに、易、暦、漢方、方位術などの考え方が伝わってきました。

平安時代には、安倍晴明で有名になった陰陽師により、方位術が大ブームになりました。『源氏物語』では、恋人に会いに行くのに凶方位を避けてよい方位を取る「方違え」が登場します。戦国時代には、方位術は、上杉謙信、織田信長、徳川家康などの武将たちによって兵法として使われました。

江戸時代になると、方位術は庶民の生活にも浸透し、「家相」（風水の一部）として用いられるようになります。家相は、その人の生き方・心の持ち方がすべて映し出されてくるもので、氣学の内容が密度濃くすべて入っています。

ちなみに、氣学を「攻めの開運術」とするなら、家相は「受け身の開運術」。氣学を勉強していくと、家相も見られるようになります。

遁甲盤、陰陽、五行の考え方を知ろう

氣学は、さまざまな考え方が組み合わさって構成されています

「遁甲盤」は宇宙と地球の曼荼羅図

「遁甲盤」は、宇宙エネルギーの存在を視覚的・象徴的に表した、仏教でいうところの曼荼羅図のようなもので、「先天定位図」と「後天定位図」があります。

先天定位図は、自然界のありのままの姿や宇宙の法則を表した、いわば「宇宙（太陽系）の曼荼羅図」。先天定位図には、易教の元になっている「八卦」が配置されています。また、太陽が東から上って頭上を通り西へ沈んでいくのが自然界のありのままの姿ですから、南が上になっています。

これに対し後天定位図は、もともと先天（宇宙）には存在しなかった人間が現れたあとを表した図で、「地球の曼荼羅図」ともいえます。人（五黄土星）を中心に置いて星を並び替え、自然と人との関係性を表しています。

私たち人間は、この後天定位図をもとに、星の廻りを読み、運勢や方位に用いていきます。

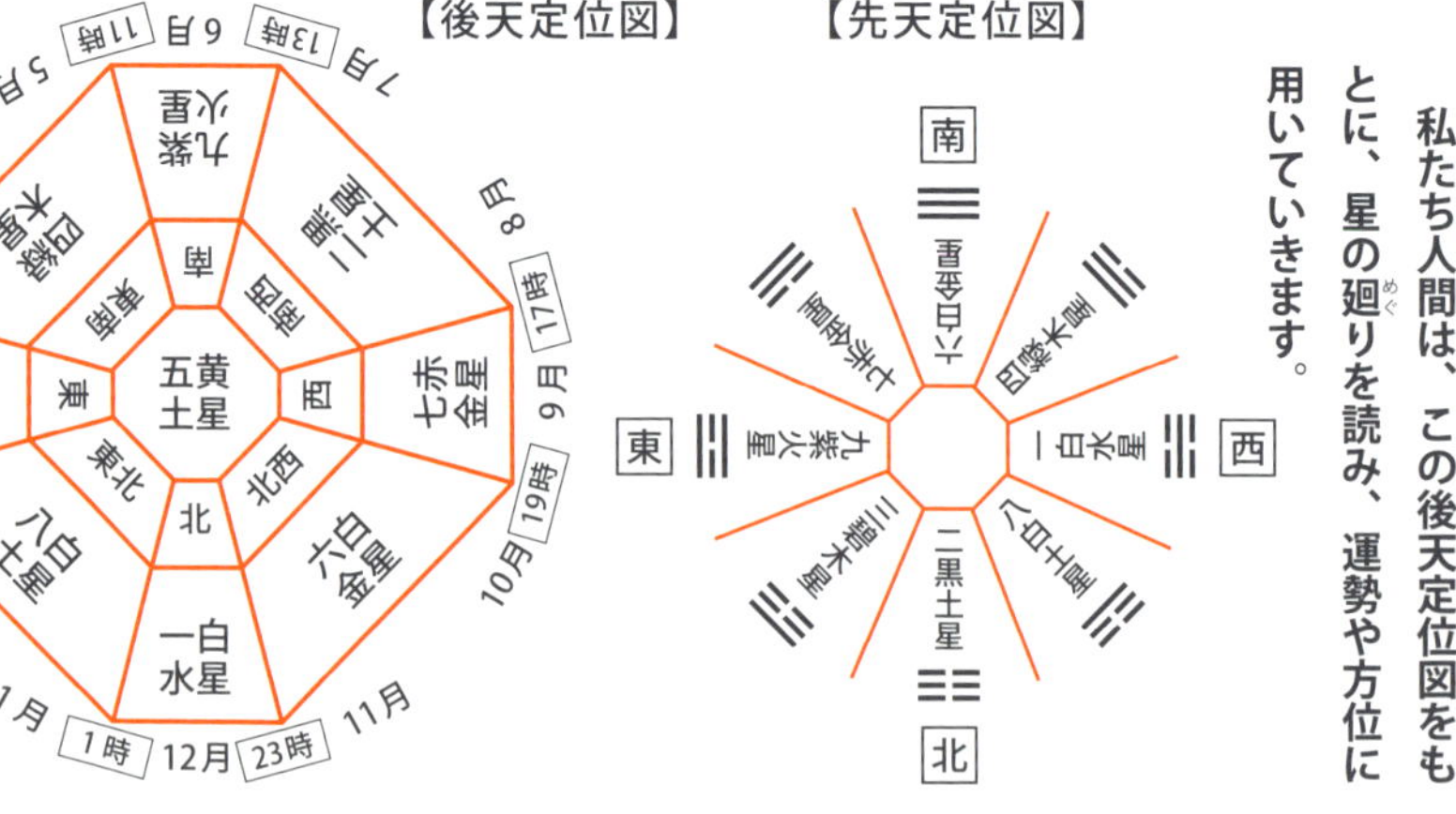

すべての物事を2つに分ける「陰陽」

「陰陽」は、この世のすべての物事は「陰」と「陽」の2つに分けられ、それらが互いに補い合い、調和し合ってバランスを取りながら発展しているとする考え方です。

例えば、天と地、男と女、善と悪、白と黒、表と裏、明と暗など、二極が互いに助け合い、調和を取っていると考えます。

万物が5つの要素で構成されるとする「五行」

「五行」は、自然界に存在するすべてのものは「木、火、土、金、水」の5つの要素（氣）に分けられるという考え方です。これら5つが循環し、森羅万象の生成が行なわれると考えます。

5つの氣は、それぞれ次のようなエネルギーを持っています。

木…万物が成長するエネルギー。伸展・発展。季節は「春」。

火…万物を燃え上がらせ旺盛にするエネルギー。季節は「夏」。

土…万物を生成させ腐敗させるエネルギー。季節は「土用」。

金…万物を実らせるエネルギー。収穫。季節は「秋」。

水…冷たい水が流れ、再び新しいサイクルが始まるまで耐えて待つエネルギー。季節は「冬」。

九星に当てはめると、三碧木星・四緑木星は「木」、九紫火星は「火」、二黒土星・五黄土星・八白土星は「土」、六白金星・七赤金星は「金」、一白水星は「水」の影響を受けています。また、三碧木星と四緑木星のように、同じ性質を持つ星同士を「兄弟星」と呼びます。

この5つの氣の関係性は、生かし合う関係を表す「相生図」と、互いのよさを抑え合う関係を表す「相剋図」の、2つの図で表すことができます。

【相生図】

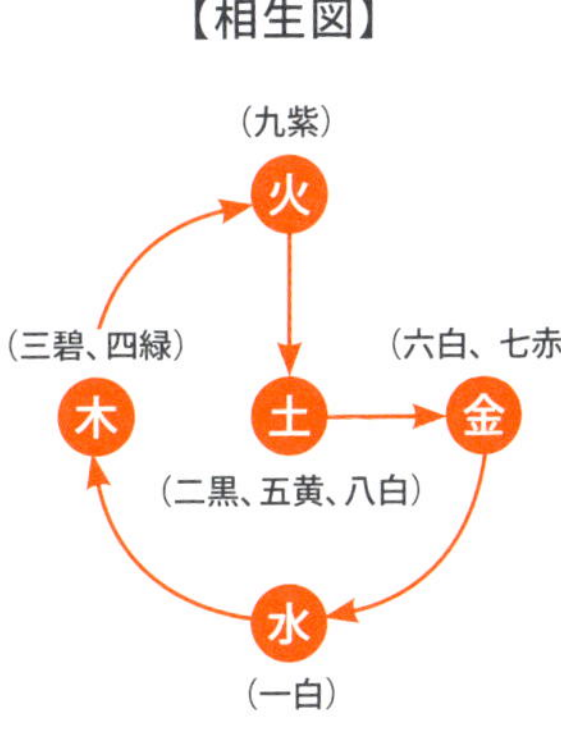

木は燃えて火を生み、火は燃え尽きて灰（土）を生み、土の中で鉱物（金）が生まれ、金は冷やすと水滴（水）を生み、水は木を育てる——という生かし合う関係を表しています。

【相剋図】

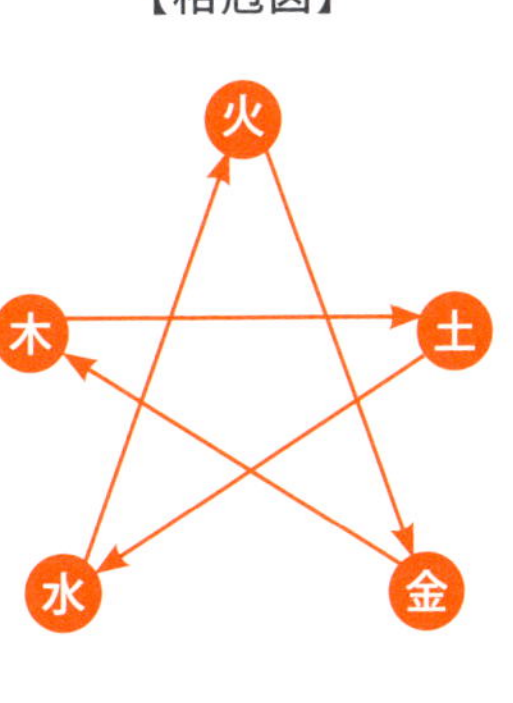

木は土の中の養分を吸い取り、土は水の流れを止め、水は火を消し、火は金を溶かし、金は木を切る——という抑え合う関係を表しています。

あなたの運命を司る 本命星を調べよう

氣学では、生まれた年によって
人を９つの性質（九星）に
分類します

あなたの性格や運命を司る「九星」

「九星」は、氣学の中心となる考え方です。９つの星と書きますが、星といっても星占いの星ではなく、「星」＝「性」、つまり性質のことです。

人は、生まれたときの宇宙エネルギー（氣）の影響を受けて、生きていきます。九星では、そのエネルギーを性質別に次の９つに分類しています。

一白水星（いっぱくすいせい）
二黒土星（じこくどせい）
三碧木星（さんぺきもくせい）
四緑木星（しろくもくせい）
五黄土星（ごおうどせい）
六白金星（ろっぱくきんせい）
七赤金星（しちせききんせい）
八白土星（はっぱくどせい）
九紫火星（きゅうしかせい）

冒頭で、「氣学では、自分を最大限に生かしてくれる『氣』の流れを学び、それを自分の人生に生かす」とお話ししました。その「あなたを最大限に生かしてくれる『氣』の流れ」はどうやったらわかるかというと、あなたがこの世に生を受けた誕生日がポイントになります。

生まれた年の星を「本命」といいます。**本命で、あなたがどのような宇宙エネルギー（氣）のもとに生まれ、どのような性質を持っているか、つまりあなたが生まれながらに持っている基本的な性格や運勢がわかります。**

では、同じ年に生まれた人は皆、同じ性格かというと違いますよね。なぜなら私たちは、生まれた年だけでなく、生まれた月や日のエネルギーも受けているからです。

そこで、生まれた月の星「月命（げつめい）」も導き出します（12ページ参照）。これでそれぞれの個性がわかります（日から割り出す「日命」もありますが、専門的すぎるのでここでは取り上げません）。

このように、本命と月命の組み合わせをもとに、9×9＝81通りの運勢を見ていきます。

ではまず、自分の本命がどの星にあたるか知るところから始めましょう。

あなたの本命星を調べよう

まず、本命を割り出します。下の本命星一覧表の中の自分の生まれた年を見て、星を見つけましょう。

氣学では、1年の始まりを2月立春としています。生まれ月が1月の人と2月立春（2月3日）までに生まれた人は、前の年の星が本命となるので注意しましょう。

それぞれの星の性格、運勢、恋愛運、仕事運、金運、健康運などはStep2に詳しくまとめています。

【本命星一覧表】 ※2月4日から新しい年になります。

西暦	日本年号	本命星
1935	昭和10年	二黒土星
1936	11年	一白水星
1937	12年	九紫火星
1938	13年	八白土星
1939	14年	七赤金星
1940	15年	六白金星
1941	16年	五黄土星
1942	17年	四緑木星
1943	18年	三碧木星
1944	19年	二黒土星
1945	20年	一白水星
1946	21年	九紫火星
1947	22年	八白土星
1948	23年	七赤金星
1949	24年	六白金星
1950	25年	五黄土星
1951	26年	四緑木星
1952	27年	三碧木星
1953	28年	二黒土星
1954	29年	一白水星
1955	30年	九紫火星
1956	31年	八白土星
1957	32年	七赤金星
1958	33年	六白金星
1959	34年	五黄土星
1960	35年	四緑木星
1961	36年	三碧木星
1962	37年	二黒土星
1963	38年	一白水星
1964	39年	九紫火星
1965	40年	八白土星
1966	41年	七赤金星
1967	42年	六白金星
1968	43年	五黄土星
1969	44年	四緑木星
1970	45年	三碧木星
1971	46年	二黒土星
1972	47年	一白水星
1973	48年	九紫火星
1974	49年	八白土星
1975	50年	七赤金星
1976	51年	六白金星
1977	52年	五黄土星
1978	53年	四緑木星
1979	54年	三碧木星
1980	55年	二黒土星
1981	56年	一白水星
1982	57年	九紫火星
1983	58年	八白土星
1984	59年	七赤金星
1985	60年	六白金星
1986	61年	五黄土星
1987	62年	四緑木星
1988	63年	三碧木星
1989	平成元年	二黒土星
1990	2年	一白水星
1991	3年	九紫火星
1992	4年	八白土星
1993	5年	七赤金星
1994	6年	六白金星
1995	7年	五黄土星
1996	8年	四緑木星
1997	9年	三碧木星
1998	10年	二黒土星
1999	11年	一白水星
2000	12年	九紫火星
2001	13年	八白土星
2002	14年	七赤金星
2003	15年	六白金星
2004	16年	五黄土星
2005	17年	四緑木星
2006	18年	三碧木星
2007	19年	二黒土星
2008	20年	一白水星
2009	21年	九紫火星
2010	22年	八白土星
2011	23年	七赤金星
2012	24年	六白金星
2013	25年	五黄土星
2014	26年	四緑木星
2015	27年	三碧木星
2016	28年	二黒土星
2017	29年	一白水星
2018	30年	九紫火星
2019	31年	八白土星
2020	32年	七赤金星
2021	33年	六白金星
2022	34年	五黄土星
2023	35年	四緑木星
2024	36年	三碧木星

月命、傾斜、同会、最大吉方を知ろう

あなたに影響しているのは
本命星だけではありません
影響しているほかの星も調べましょう

子どものあなたに影響していた「月命」

本命がわかったら、左の月命一覧表で月命星を調べましょう。自分の生まれた日（縦軸）と、本命星（横軸）の交わるところがあなたの月命星です。

もし、本命と月命が同じだった場合、「星の切り替え」をしなくてはなりません。該当する方は、星の切り替え一覧表を見て、自分の月命を切り替えてください。

【月命星の出し方例題】

1978年6月25日生まれの人の月命星を調べてみましょう。まず、11ページの本命星一覧表で1978年生まれを見ると、本命は四緑木星です。次に月命星一覧表で「四緑」と、6月25日生まれの「6／6〜7／6」の交わる欄を見ると、月命星もやは

【月命星一覧表】

生まれた日＼本命星	一白・四緑・七赤	二黒・五黄・八白	三碧・六白・九紫
2/4〜3/5	八白	二黒	五黄
3/6〜4/4	七赤	一白	四緑
4/5〜5/5	六白	九紫	三碧
5/6〜6/5	五黄	八白	二黒
6/6〜7/6	四緑	七赤	一白
7/7〜8/7	三碧	六白	九紫
8/8〜9/7	二黒	五黄	八白
9/8〜10/8	一白	四緑	七赤
10/9〜11/7	九紫	三碧	六白
11/8〜12/6	八白	二黒	五黄
12/7〜1/5	七赤	一白	四緑
1/6〜2/3	六白	九紫	三碧

【星の切り替え一覧表】 ※本命星は変わりません。

本命と月命がどちらも **一白水星**	→	月命が**九紫火星**に
本命と月命がどちらも **二黒土星**	→	月命が**六白金星**に
本命と月命がどちらも **三碧木星**	→	月命が**四緑木星**に
本命と月命がどちらも **四緑木星**	→	月命が**三碧木星**に
本命と月命がどちらも **五黄土星**	→	月命が 女性は**六白金星**に 男性は**七赤金星**に
本命と月命がどちらも **六白金星**	→	月命が**二黒土星**に
本命と月命がどちらも **七赤金星**	→	月命が**八白土星**に
本命と月命がどちらも **八白土星**	→	月命が**七赤金星**に
本命と月命がどちらも **九紫火星**	→	月命が**一白水星**に

り四緑です。本命と月命が同じなので、星の切り替え一覧表を見ると、月命星は三碧木星とわかります。「月命」は、大人になるまでのあなたに色濃く現れやすい性質です。

生まれてから満6歳頃までは月命星のエネルギーの影響を強く受けますが、徐々に本命が立ち上がり、大人になるとおもに本命が色濃く現れます。だからといって、月命の影響がまったくなくなるわけではありません。

潜在能力を現す「傾斜」 環境やご縁を現す「同会」

本命と月命からもう一歩進んで、「傾斜」と「同会」という星をチェックしましょう。本命、月命、傾斜、同会という4つの星の組み合わせを深く読み取るのはなかなか難しいことではありますが、自分の傾斜、同会は知っておきたいものです。

傾斜は、本命星の性質のさらに奥にある「潜在能力」「本質」を現す星です。向いている仕事や自分らしさを知る鍵になります。同会は、あなたが引き寄せやすい「環境」や「ご縁」、求められやすい「役割」を示します。

「最大吉方」は 幸せをもたらしてくれる星

「最大吉方」は、あなたを幸せにしてくれる星です。

人は、持って生まれたエネルギーに添って生きる、すなわち本命星らしく生きることが幸せへの近道なのですが、育った環境やそれまでの生き方によって、本命星の働きがうまく表に出てきていない人がたくさんいます。

より本命星らしく生きることが、本当の自分らしさや輝きを取り戻すことにつながります。そうして、あなたがあなたらしく輝くことで、運もどんどん引き寄せられてきます。

そのために、**あなたに何が足りないのか、何が必要なのかを教えてくれるのが、最大吉方の星**なのです。

最大吉方は、本命と月命の組み合わせと、五行の関係から割り出されます。14ページの一覧表で、あなたの最大吉方、傾斜、同会を調べましょう。

最大吉方は一つとは限りません。2つある方、3つ以上ある方もいます。

最大吉方が一つの人は、足りない部分が少ないという意味で、バランスが取れています。誰とでも上手に付き合うことができますが、反面、「これ」といった個性に欠ける傾向もあります。

反対に、最大吉方が3つ以上と多い人はとても個性的ではありますが、協調性に欠ける面もあります。ただ、足りない部分、取りこめる「吉」がたくさんあるということなので、意識すればどんどん開運していくでしょう。

最大吉方の星が教えてくれるメッセージや開運アイテムなどについては、Ｓｔｅｐ４にまとめてあります。

【本命・月命・最大吉方・傾斜・同会一覧表】

※最大吉方も吉方もどれも大切ですが、下線のあるのが特に意識したい星です。※吉方はStep3の吉方取りで使います。

本命星	月命星	最大吉方（ ）内は吉方	傾斜	同会
一白	二黒	六白、七赤（三碧、四緑）	四緑	九紫
	三碧	四緑（六白、七赤）	三碧	八白
	四緑	三碧（六白、七赤）	二黒	七赤
	五黄	六白、七赤（三碧、四緑）	一白	六白
	六白	七赤（三碧、四緑）	九紫	五黄
	七赤	六白（三碧、四緑）	八白	四緑
	八白	六白、七赤（三碧、四緑）	七赤	三碧
	九紫	三碧、四緑（六白、七赤）	六白	二黒
二黒	一白	六白、七赤（八白、九紫）	六白	三碧
	三碧	九紫（六白、七赤、八白）	四緑	一白
	四緑	九紫（六白、七赤、八白）	三碧	九紫
	五黄	六白、七赤、八白、九紫	二黒	八白
	六白	七赤、八白（九紫）	一白	七赤
	七赤	六白、八白（九紫）	九紫	六白
	八白	六白、七赤、九紫	八白	五黄
	九紫	八白（六白、七赤）	七赤	四緑
三碧	一白	四緑（九紫）	七赤	五黄
	二黒	九紫（一白、四緑）	六白	四緑
	四緑	一白、九紫	四緑	二黒
	五黄	九紫（一白、四緑）	三碧	一白
	六白	一白（四緑、九紫）	二黒	九紫
	七赤	一白（四緑、九紫）	一白	八白
	八白	九紫（一白、四緑）	九紫	七赤
	九紫	四緑（一白）	八白	六白
四緑	一白	三碧（九紫）	八白	七赤
	二黒	九紫（一白、三碧）	七赤	六白
	三碧	一白、九紫	六白	五黄
	五黄	九紫（一白、三碧）	四緑	三碧
	六白	一白（三碧、九紫）	三碧	二黒
	七赤	一白（三碧、九紫）	二黒	一白
	八白	九紫（一白、三碧）	一白	九紫
	九紫	三碧（一白）	九紫	八白
五黄	一白	六白、七赤（二黒、八白、九紫）	九紫	九紫
	二黒	六白、七赤、八白、九紫	八白	八白
	三碧	九紫（二黒、六白、七赤、八白）	七赤	七赤
	四緑	九紫（二黒、六白、七赤、八白）	六白	六白
	六白	二黒、七赤、八白（九紫）	四緑	四緑
	七赤	二黒、六白、八白（九紫）	三碧	三碧
	八白	二黒、六白、七赤、九紫	二黒	二黒
	九紫	二黒、八白（六白、七赤）	一白	一白
六白	一白	七赤（二黒、八白）	一白	二黒
	二黒	七赤、八白（一白）	九紫	一白
	三碧	一白（二黒、七赤、八白）	八白	九紫
	四緑	一白（二黒、七赤、八白）	七赤	八白
	五黄	二黒、七赤、八白（一白）	六白	七赤
	七赤	一白、二黒、八白	四緑	五黄
	八白	二黒、七赤（一白）	三碧	四緑
	九紫	二黒、八白（一白、七赤）	二黒	三碧
七赤	一白	六白（二黒、八白）	二黒	四緑
	二黒	六白、八白（一白）	一白	三碧
	三碧	一白（二黒、六白、八白）	九紫	二黒
	四緑	一白（二黒、六白、八白）	八白	一白
	五黄	二黒、六白、八白（一白）	七赤	九紫
	六白	一白、二黒、八白	六白	八白
	八白	二黒、六白（一白）	四緑	六白
	九紫	二黒、八白（一白、六白）	三碧	五黄
八白	一白	六白、七赤（二黒、九紫）	三碧	六白
	二黒	六白、七赤、九紫	二黒	五黄
	三碧	九紫（二黒、六白、七赤）	一白	四緑
	四緑	九紫（二黒、六白、七赤）	九紫	三碧
	五黄	二黒、六白、七赤、九紫	八白	二黒
	六白	二黒、七赤（九紫）	七赤	一白
	七赤	二黒、六白（九紫）	六白	九紫
	九紫	二黒（六白、七赤）	四緑	七赤
九紫	一白	三碧、四緑（二黒、八白）	四緑	八白
	二黒	八白（三碧、四緑）	三碧	七赤
	三碧	四緑（二黒、八白）	二黒	六白
	四緑	三碧（二黒、八白）	一白	五黄
	五黄	二黒、八白（三碧、四緑）	九紫	四緑
	六白	二黒、八白（三碧、四緑）	八白	三碧
	七赤	二黒、八白（三碧、四緑）	七赤	二黒
	八白	二黒（三碧、四緑）	六白	一白

Step ②

本命星でわかる本当のあなたの性格と運勢

運氣をつかむには、まず自分を知ること！　本命星で、あなたが生まれながらに持っているエネルギーの質を知りましょう。同時に月命星、傾斜、同会のエネルギーも把握しましょう。

一白水星の性格と運勢

忍耐強い努力家

気配り上手だけど本当は一人が好き

苦労もあるが晩年は運氣上昇

真っ暗闇で寒い時期の「苦労星」

遁甲盤の後天定位図を見ると、一白水星は真北30度に位置しています。1年で見ると季節は真冬（12月）、1日で見ると真夜中（23時～1時）を担当しています。そして、一白水星を表す代表色は暗闇の「黒」と、雪（水の結晶）の「白」です。

つまり一白水星は、真っ暗闇で、しかも冬の寒い時期にあたる星。このため、「苦労星」ともいわれています。

このようなことから、一白水星の人はとても忍耐強く、努力家です。自分が目立つよりも、陰にまわりサポートに徹して活躍する人が多いでしょう。表向きは温厚で人当たりもソフトですが、内に秘めた情熱を持ち合わせています。

【後天定位図】

コミュニケーション上手だが本当は一人が好き

一白水星は、その名のとおり「水」の性質を持っています。

水は、気体・液体・固体と自由に形を変えられることから、非常に柔軟性があって人に合わせるのが上手。人と人をつないでいくことも得意なコミュニケーション上手です。誰でも快く受け入れ、繊細な気配りもできるので、頼られることも多いでしょう。

その反面、五行の相生図（9ページ参照）を見ると、兄弟星がいないことから、一白水星は「孤独星」ともいわれます。コミュニケーション上手で、表面的には人に合わせることが得意ですが、本質的には一人で行動するのが好きで性に合っているのです。

ですから、時に人と一緒にいて疲れてしまうことがあっても、大丈夫。それが本質なのですから、気に病むことはありません。

また、水の性質である「流れる」ことから、いい人になりすぎて自分を見失うこともありがちです。注意しましょう。

苦労を乗り越えることで晩年は運氣上昇

人の話や悩みを親身になって聞いてあげることは得意なのですが、自分の本音はなかなか人に話すことができず、我慢してしまうところがあります。

そこが秘密主義に見えて、「陰のある謎めいた人」と誤解されることもあるでしょう。でも、そのミステリアスなところが、一白水星の魅力でもあります。

子どもの頃は、親と離れて暮らさざるを得なかったり、一緒に暮らしていても忙しすぎて構ってもらえなかったなど、物理的にも精神的にも、親または家族と距離がある人が多いのも特徴です。

このような苦労を一人で乗り越えていくことで、さらに忍耐強くなり、独立心が養われていきます。若いときに苦労した人ほど晩年の運勢は強くなるので、悲観的にならず、夢や目標に向かって黙々と一歩ずつ進んでいきましょう。

「一滴の水が大河となる」の精神で

一白水星の人は、コツコツと地道に人生を切り開いていくことで、晩年に大成していきます。目先のことにとらわれず、長いスパンでとらえて目標を立てましょう。

40代からようやく自分の人生を歩み始めるような、ゆっくりとスタートする星です。「一滴の水が大河となる」ように、時間はかかりますが、自分で思っている以上の結果が残せるでしょう。大切なのは、あきらめないことです。

【今後10年間の運勢】

年	運勢
2016年	◎
2017年	○
2018年	◎
2019年	○
2020年	△
2021年	△
2022年	×
2023年	△
2024年	○注
2025年	◎

◎＝高運期、○＝まあまあよい、△＝無理せずに、×＝忍耐の年、注＝思いがけないトラブルに見舞われやすいので注意　※2月4日から新しい年になります（2021年は2月3日から）。※この表は本命星のみから見た運勢です。傾斜の星の運勢もあわせて参考にしてください。

一白水星の恋愛運

献身的で愛情深く、一途に尽くすタイプです。控え目で気配りもでき、世話好きで聞き上手。男性にとってはまさに理想的な女性です。

ただ、誰に対しても優しく面倒を見てしまうため、それを愛情と誤解されることもしばしば。気のない人にはきっぱりとした態度で接しましょう。

お付き合いが始まると、彼の好みに自分を合わせすぎて、気がつくと疲れ果ててしまうこともあります。自分をしっかり持つことも大切です。

また、心配性で取り越し苦労も多いため、「あやしい」と思うといろいろと詮索してしまい、それが元でうまくいかなくなることもあります。大丈夫。もっと自信を持っていきましょう。あなたは十分チャーミングです。

一白水星の仕事運

自分から率先して人の上に立つタイプではないので、ナンバーツーやサポートにまわる仕事のほうが本領を発揮できるでしょう。聞き上手で天性のカウンセラーの気質もあり、医療関係や、子どもやお年寄りの面倒をみる仕事も向いています。

また、筆まめで文才もあるので、文筆や翻訳などの作家業もおすすめです。職人気質でこだわりがあり、納得するまで妥協しません。完成した作品は個性的なものになるでしょう。

【向いている仕事】

海に関係する仕事、魚を扱う仕事、飲食店、居酒屋、セールスマン、医師、看護士、ヘルパー、文筆家、翻訳家、出版関係など

一白水星の金運

物やお金に執着がないため、あればあるだけ使ってしまい、必要なときに苦労することもしばしばです。こだわりのある職人タイプなので、必要なもの、趣味のものにはついこだわりを発揮して、予定にないものまで買いそろえます。最初はお金をかけないようにと思っていても、結局は理想に近い質のいいものを手に入れていきます。

本命が一白水星でケチな人は、お金の使い道がない、つまり趣味がなく世界が狭くなってしまっているのかも。もっと視野を広げてみましょう。

一白水星の健康運

我慢強いので、つい無理をしすぎて

しまう傾向があります。特に、腎臓やすい臓（糖尿病など）に注意しましょう。また、お酒の飲みすぎで腸や肝臓を傷めないように気をつけてください。

【症状が出やすい箇所】

膀胱、尿道、腎臓、すい臓、泌尿器、血液、性器、カンジタなどの性病系、アレルギー、皮膚疾患など

【ほかの星との相性】

	恋愛	仕事
一白水星	♡	★
二黒土星		★
三碧木星	♡	☆
四緑木星	♡	★
五黄土星		
六白金星	♥	☆
七赤金星	♥	★
八白土星		
九紫火星		

♥＝恋愛の相性最高、♡＝恋愛の相性よい、★＝仕事パートナーとして最高、☆＝仕事パートナーとしてよい
※この表は本命星のみから見た相性の組み合わせです。相性は、本命星の組み合わせ以外に、月命、傾斜、同会の星によっても違ってきます。

月命が一白水星の人

子どもの頃、病弱だったか、精神的に苦労したか、経済的に貧しかったか、のいずれかだった可能性があります。当てはまる人ほど晩年の運勢はよくなっていくでしょう。非常に感受性豊かな人が多いです。

傾斜が一白水星の人

とても繊細でデリケートな人。世話好きで細やかな気遣いができますが、細かなことにとらわれすぎたり、一度落ちこむとなかなか立ち直れない傾向もあります。できるだけとらわれを手放し、前進していきましょう。

苦労性で、あえて自分に苦労を背負わせる選択をすることが多く、自己犠牲的になりがちです。自分の気持ちに素直に正直になることも大切。与えるばかりではなく、受け取ることも学びましょう。

行き詰まったときは、海や温泉、水族館など、水に触れられる場所に出かけると、本来の自分を取り戻すことができます。

同会が一白水星の人

周囲の人から頼られたり、悩みや相談を持ちかけられやすい人です。もともとカウンセラーの気質があるので、親身に話を聞いてあげると喜ばれます。

あなたのまわりにも、あなたのことを世話したり面倒を見てくれる人が自然と集まってきます。そういった人たちに助けられることも多いでしょう。人間関係を大切にすることが運氣アップのカギです。

【月命】＝おもに幼少期に受けた影響　【傾斜】＝潜在能力　【同会】＝環境や縁

二黒土星(じこくどせい)の性格と運勢

母親、女性性のエネルギーを持つ星

愛情深くて

育てることが得意

受け入れて育てるお母さんのような星

遁甲盤の後天定位図を見ると、二黒土星は南西60度に位置しています。

時間にすると、活動的で充実した時間帯の昼から夕方。二黒土星の「黒」は、「午後に長く伸びていく影＝黒（闇）」のエネルギーからきています。季節でいうと夏から秋で、最高に暑い時期から秋に向かって穏やかになっていく時期です。

後天定位図では南西に位置する二黒土星ですが、先天定位図（8ページ参照）では北に位置しています。北は、大地（土）と母親、女性性のエネルギーを意味します。二黒土星の「土」は「畑の土」。種をまけば差別することなく受け入れ、何でも育てていく、母親のような受容性を持っている星です。

宿った命を愛情深く育てることができる、柔和で思いやりにあふれた人です。男性でも優しくて面倒見がよく、家事や育児に積極的にかかわる人が多いでしょう。

人を育てて生かす能力にすぐれ、また「無」から「有」を生み育てる力も持っています。真面目な働き者で努力家。いつも体を動かしている星。何もすることがない状態は苦手で、スケジュール帳にたくさん予定が書いてあると安心します。

五黄土星
南 九紫火星 6月 11時～13時
南西 二黒土星 7月 8月
西 七赤金星 9月 17時～19時
北西 六白金星 10月 11月
北 一白水星 12月 23時～1時
北東 八白土星 1月 2月
東 三碧木星 3月 5時～7時
東南 四緑木星 4月 5月

【後天定位図】

蓄える能力もすぐれている

「土」は何でも吸収して蓄えていくので、二黒土星の人は蓄える能力にもすぐれています。勉強すればするほど、仕事をすればするほど、知識、財産、技術、人材などをコツコツと堅実に育て、蓄えていきます。

ただ、何でもたくさんためこむことで安心してしまう面もあり、ストレスや使わないもの、無駄な考えなど、必要ないものまでごちゃごちゃとためこみがち。物を大切にするのはよいのですが、必要ないものは整理して手放す勇気を持ちましょう。

内面は男性的で自信家

二黒土星は、先天定位図で北に位置していると述べました。南が「陽」とすると、北は「陰」になります。氣学では「陰極まって陽となる。陽極まって陰となる」という考え方があります。二黒土星は女性（陰）の代表的な星ですが、じつは内側には男性（陽）的なエネルギーを持っています。

見た目は女性的でやわらかい雰囲気ですが、中味は男性的で潔く、決断力や行動力があり、また自信もあります。何事も人にまかせられず、自分でやらないと気がすまない完璧主義者でもあります。

大地の辛抱強さ、粘り強さを持っているので、あきらめさえしなければ、必ず大きな成果につながるでしょう。「継続は力なり」が開運のカギです。

晩年になるほど運氣は上昇

二黒土星は「古い」というエネルギーも持っているので、若い頃から年齢より年上に見られたり、落ち着いている人が多いでしょう。古い女と書いて「姑」になります。つまり晩年になればなるほど、運勢が強くなってパワフルになっていく、肝っ玉母さんのような星です。

若い頃に苦労や挫折を経験していると、人の痛みがわかるようになり、受容性や共感力も身についていきます。素直さや柔軟さを心がけ、皆からお母さんのように慕われる、砂漠のオアシスのような存在になりましょう。

【今後10年間の運勢】

年	運勢
2016年	○
2017年	◎
2018年	○
2019年	△注
2020年	△
2021年	×
2022年	○
2023年	◎
2024年	◎
2025年	○

◎＝高運期、○＝まあまあよい、△＝無理せずに、×＝忍耐の年、注＝思いがけないトラブルに見舞われやすいので注意　※2月4日から新しい年になります（2021年は2月3日から）。※この表は本命星のみから見た運勢です。傾斜の星の運勢もあわせて参考にしてください。

二黒土星の恋愛運

真面目なしっかり者なので、異性の前でも甘えたり弱さを見せたりすることができません。そのうえプライドも高いので、自分から「好きです」と言えない人も多いでしょう。ですが、ひとたびお付き合いが始まれば、母親のように何かと世話を焼いて尽くし、積極的に関係を築いていきます。

でも、「こんなにしてあげてるのに！」と見返りを求めてしまうと、相手は窮屈に感じてしまいます。二黒ならではの懐の大きさで包みこみ、待つ姿勢で彼の心をつかみましょう。

二黒土星の仕事運

人を育てたり世話をする能力に長けているので、人材育成などのポジションが向いています。

ただ、自分流のやり方にこだわり、人にまかせるのが苦手なので、仕事もストレスも一人でためてしまいがち。まわりを信頼して、仕事を振り分けていくことが、本当の意味の「相手を育てる」ことにつながっていきます。

人を育てる仕事や人をサポートする業務のほか、手先が器用で創造力も豊かなので、その特性を生かした仕事にも適性があります。

【向いている仕事】

保育士、教師、看護士、ヘルパー、秘書、マネージャー、手芸家、ファッションデザイナー、美容師、ネイリストなど

二黒土星の金運

地道にコツコツと貯めていくタイプです。へそくりも上手。楽をして稼ごうとしたり、一攫千金をねらうことはありません。でも、必要なときにはドカンと使うきっぷのよさもあります。

貯蓄上手なので、定期的にコツコツと積み立てていく定期貯金がおすすめ。ある程度たまったところで不動産に替えると、財産として残せるでしょう。

いいものを安く買うことも上手ですが、バーゲンに弱く、安くなっていると同じ商品を色違いで買ってしまうような面もあります。しかも、お得な買い物ができたことに満足して、結局使わないこともしばしば。バーゲンに行くときは、余計なものを買わないように気をつけましょう。

二黒土星の健康運

基本的に体は丈夫ですが、我慢強く、責任感もあるので、気づかないうちに

ストレスをためこんでいたりします。また、起きてもいないことを心配しすぎて、自分で病気を作ってしまいがちです。自分なりのストレス解消法を見つけて、神経を休ませてあげましょう。無理をすると胃に負担がかかるので、注意が必要です。

【症状が出やすい箇所】
胃腸、婦人科系、便秘、むくみ、肩こり、代謝異常など

【ほかの星との相性】

	恋愛	仕事
一白水星		★
二黒土星	♡	★
三碧木星		
四緑木星		★
五黄土星	♥	☆
六白金星	♡	☆
七赤金星	♡	★
八白土星	♥	☆
九紫火星	♥	☆

♥＝恋愛の相性最高、♡＝恋愛の相性よい、★＝仕事パートナーとして最高、☆＝仕事パートナーとしてよい
※この表は本命星のみから見た相性の組み合わせです。相性は、本命星の組み合わせ以外に、月命、傾斜、同会の星によっても違ってきます。

月命が二黒土星の人

根は優しくて思いやりのある世話好きな人です。実年齢より上に見られることが多く、子どもの頃からしっかり者で頼られる存在だったでしょう。周囲からそう思われることで、無理して頑張っていた面もあったはず。でも、本当は甘えたいという気持ちが強い人です。

傾斜が二黒土星の人

人に弱みを見せない頑張り屋さん。忍耐強く、何でも一人で抱えこんでしまう人です。本当はチャーミングで女性らしい部分を持っているのに、人前ではつい男勝りなところばかりを見せてしまいがち。もっと素直になって、必要なときには甘えることも覚えましょう。

また、こだわりが強く、頑固者の一面も。時には相手の意見を受け入れることも学びましょう。

行き詰まったときは、広い場所でのスポーツやガーデニングなど、大地からエネルギーをもらえる場所に出かけましょう。

同会が二黒土星の人

姉御肌で面倒見のいい年上の女性が、多く集まりやすい環境です。彼女たちは、あなたの人生のさまざまな場面で手を貸してくれ、助けてくれます。その好意を受け取ることで、あなた自身、思いやりや愛情を学んでいくでしょう。

優しく女性らしい雰囲気を意識することで、あなたを必要とする人たちとのご縁が強くなり、それが人生の豊かさにつながっていきます。

【月命】＝おもに幼少期に受けた影響　【傾斜】＝潜在能力　【同会】＝環境や縁

三碧木星（さんぺきもくせい）の性格と運勢

明るく賑やかなお調子者で

流行にも敏感

活動的で若いうちから花開く

前向きで明るく楽しい星

遁甲盤の後天定位図を見ると、三碧木星は東30度に位置しています。

時間にすると、明け方の5時～7時。太陽が昇る前、美しい紺碧の空がだんだん明るくなっていき、日の出を迎えて活気づいていく時間帯です。三碧木星の「碧」はここからきています。

また季節でいえば3月。春になって一つ一つの芽が出始め、木々がようやく伸びていく時季です。同じ「木」の四緑木星に比べ、個（一人）で伸びていくのが、三碧木星の「木」です。

この時間帯や時季からわかるように、三碧木星は前向きで明るく、まわりにいる人を楽しませ元気にしてくれる星です。

お調子者で、賑やかなことが大好き！　ストレートな物言いでよくしゃべり、秘密が苦手です。人を感動させたり、驚かすことも得意です。人を楽しませたくて、悪気はないのですが、つい話をオーバーにする傾向もあります。

一人でも大丈夫そうに見えますが、じつは寂しがりやで、人から声をかけてもらえないと落ちこんでしまいます。仲間とワイワイやるのが大好きで、友人がたくさんいるほうが力がわいて頑張ることができます。

ただ、最初から相手の懐に飛びこむようなことはできません。一度心を開

五黄土星
東　三碧木星　3月　5時　7時
東南　四緑木星　4月　5月
南　九紫火星　6月　11時　13時
南西　二黒土星　7月　8月
西　七赤金星　9月　17時　19時
北西　六白金星　10月　11月
北　一白水星　12月　23時　1時
東北　八白土星　1月　2月

【後天定位図】

くと、何があっても無条件に信じてしまうことを本能で知っているため、警戒心を解くまでにはワンクッション必要になるからです。

　そのため、最初はよい印象を持たれないこともあるでしょう。しかし、ひとたび親しくなると、全面的に相手を信頼して心を開きます。

好奇心旺盛で積極的

　三碧木星は「子どもの星」とも呼ばれ、好奇心旺盛で積極的な若いエネルギーを持っています。

　東に位置し、一番先に太陽の光を浴びてよく見えるところから、先見の明があり、情報をキャッチするのが早く流行に敏感です。興味を持ったらすぐ取り入れる、何でも先に知りたい、人の知らない情報をいかに収集するかにこだわります。なので、新製品は試さずにはいられません。

執着がなく立ち直りも早い

　つねに新しいことに興味が移っていくので、物を手に入れてもすぐに飽きてしまいます。物に対する執着も薄く、人に対しても去る者は追いません。

　勢いがあって立ち止まることのない太陽のように、クヨクヨすることなく、立ち直りが早いのも三碧木星の特徴です。これは長所でもありますが、大事な約束や受けた恩まで忘れてしまうこともあるので、信用を失わないよう気をつけましょう。

縁作りが晩年を左右する

　若い頃は勢いがあるので、調子に乗りすぎると、人間関係で苦労することになります。相手を尊敬する気持ちを忘れずに、積極的に縁作りをしていきましょう。三碧木星の人生には友人の存在がとても大切なので、率先して友人とつながっていきましょう。音に触れると元気になれるので、友人たちと一緒に、時々カラオケなどに行くといいですね。

　好奇心を失わず、いつでも感動できるものを探して、ドキドキワクワクする心を維持していくことが開運につながります。

【今後10年間の運勢】

年	運勢
2016年	○
2017年	○
2018年	△
2019年	○
2020年	×
2021年	△
2022年	◎
2023年	◎注
2024年	○
2025年	○

◎＝高運期、○＝まあまあよい、△＝無理せずに、×＝忍耐の年、注＝思いがけないトラブルに見舞われやすいので注意　※2月4日から新しい年になります（2021年は2月3日から）。※この表は本命星のみから見た運勢です。傾斜の星の運勢もあわせて参考にしてください。

三碧木星の恋愛運

チャーミングで魅力的、明るくて誰とでも気さくに話ができるので、皆に好かれる人気者です。愛嬌があってかわいがられる性格のため、玉の輿に乗る確率が高い星でもあります。

恋愛においては、「この人じゃないとダメ！」とほれこんだら、なんとしても手に入れたくなり、当たってくだけろ精神で、大騒ぎしながら追いかけます。でも、相手が振り向いてくれないとなると、いったんは落ちこみますが、あきらめも早く、さっさと次の対象を見つけていきます。

三碧木星の仕事運

チャレンジ精神旺盛で、枠にはまらない考え方ができるので、仕事のアイデアがどんどん湧き出てきます。若い頃から勢いがある星なので、20代、30代で会社を興したり、独立して活躍する人も多いでしょう。

志があれば乗り越えられない苦労はないのですが、痛みに弱く、障害にぶつかったり、つらいことがあると、大騒ぎしてよけいに被害を大きくしてしまう傾向があります。言動を一致させて信用を得ることで、目上のスポンサーやサポートしてくれる人が現れるでしょう。

声を使う仕事、音を使う仕事や、創造性を生かせる仕事、子どもと関わる仕事などがおすすめです。

【向いている仕事】
アナウンサー、歌手、司会者、コメディアン、講師、声優、音楽家、作曲家、クリエイター、デザイナー、芸術家、保育士、教師など

三碧木星の金運

「欲しい！」と思ったら、後先考えずに無理をしてでも買ってしまう人。持っているお金はすべて使ってしまうほどの浪費家です。でも、楽しいのは物を手に入れるまでのスリルで、手に入れてしまうと満足して興味がなくなってしまいます。

我慢が苦手で、節約できる性格ではないので、使いたかったら収入を増やす努力をしましょう。

三碧木星の健康運

しゃべりすぎて声帯を痛めたり、感情のコントロールがうまくできずヒステリックにならないように注意しましょう。おっちょこちょいなところもあ

るので、すり傷・切り傷など不注意によるけがや事故にも気をつけましょう。

また、ストレスや疲れ、お酒の飲みすぎなど、肝臓にも注意が必要です。早寝早起きをして、生活のリズムを整えることを心がけましょう。

【症状が出やすい箇所】

のど、声帯、肝臓、すり傷、気管支炎、喘息（ぜんそく）、ヒステリーなど

【ほかの星との相性】

	恋愛	仕事
一白水星	♥	☆
二黒土星		
三碧木星	♡	★
四緑木星	♡	☆
五黄土星		
六白金星		★
七赤金星		
八白土星		★
九紫火星	♥	★

♥＝恋愛の相性最高、♡＝恋愛の相性よい、★＝仕事パートナーとして最高、☆＝仕事パートナーとしてよい

※この表は本命星のみから見た相性の組み合わせです。相性は、本命星の組み合わせ以外に、月命、傾斜、同会の星によっても違ってきます。

月命が三碧木星の人

子どもの頃は、目立ちたがり屋だったか、またはいつも人の後ろにくっついている甘えん坊だったかのどちらかが多いでしょう。自分のことになるととてもよく話し、明るくて皆の人気者です。好奇心旺盛で新しい物が大好き。ただ、飽きっぽいところが玉にキズでもあります。

傾斜が三碧木星の人

好奇心旺盛、最新情報に敏感で、新しいものが大好きです。明るい性格で、皆を楽しませることが得意。気まぐれで少し子どもっぽいところもありますが、いつも仲間に囲まれています。

その反面、心配性で、いったん落ちこむとネガティブになりやすいところもあります。早めに気持ちを切り替えていきましょう。

感受性が豊かで表現力があり、絵、詩や文章、ダンス、歌など、表現することであなたらしさが光ります。

行き詰まったときは、コンサートやカラオケなど音のある賑やかな場所に出かけるといいでしょう。

同会が三碧木星の人

あなたのまわりには、明るく元気で活発な人が多く集まってきます。自己主張が強い人も多いので、相手のペースに飲まれないように気をつけましょう。

「賑やかな場所は苦手」と思っているかもしれませんが、時にはコンサートや舞台に足を運んで、思いきり楽しむことも必要ですよ。

【月命】＝おもに幼少期に受けた影響　【傾斜】＝潜在能力　【同会】＝環境や縁

四緑木星（しろくもくせい）の性格と運勢

穏やかで素直

人当たりがよくて和を大切にするが

頑固で偏屈な一面も

「のんびり」「みんなで」がキーワード

遁甲盤の後天定位図を見ると、四緑木星は東南60度に位置しています。

4月～5月を担当し、季節でいうと春の終わりから夏の初めです。四緑木星の「緑」は、新緑が美しく、のんびりと散歩しながら自然のエネルギーをたくさん吸いこみたい季節を表しています。また4、5月は、新緑の木々がどんどん生い茂って枝葉を広げていく時季。ここから、四緑木星の「木」は、三碧木星の「一人で伸びていく木」とは違って、皆で「集団で繁茂・発展していく木」です。

時間にすると7時～11時。忙しい朝の時間帯で、せかせかした面と、どこか「まだ1日あるし」とのんびりしてしまう面の両方を併せ持っている星です。

【後天定位図】

穏やかで素直 第一印象は抜群にいい

四緑木星の人の魅力は、真面目で素直なところ。人当たりがよく、第一印象が抜群にいいのも特徴です。話し方も雰囲気もやわらかく、いるだけで場が和みます。分をわきまえてでしゃばらないので、特に目上の人にかわいがられ、出世しやすい「世渡り上手の星」ともいわれます。

ただ、外では人当たりがいい分、ストレスも多く、家ではわがままになります。家族は振り回されることが多いでしょう。

数字には0~9まであり、「4」と「5」は真ん中。5は五黄土星のごとく「中心」というエネルギーがありますが、その隣の4にも「中庸、バランス」の意味があります。また、体のチャクラ（エネルギーポイント）にたとえると、第4チャクラはハートのチャクラ。免疫機能を司り、肉体と精神のバランスを整えているところです。

そのため、異なるもの（人）を中和させたり、バランスを取るエネルギーを持っています。

整えるエネルギーで縁をつなげていく

四緑木星が位置する東南には、「場を整える」エネルギーがあります。この星の人は、物の整理はもちろん、考え方や人間関係の整理、健康面の整え、家庭生活の整理、人と人との間のバランスを取っていく、調和させていく、という「整える力」を持っています。

また、人と人を出会わせ、縁をつなげていくことも得意です。ただ、縁をつなげていって場を丸く収めるのはよいのですが、全体を統率しリードするわけではありません。争いごとは嫌いで、人に嫌われたくないという意識が強く、人に合わせすぎて自分を見失うことも少なくありません。

そのため、自分のポジションが見つけられないときや争いから逃れたいときなどは、現実逃避したり、理想の中に逃げこもうとすることがあります。でも、逃げていても問題は解決しません。できるところから、一つ一つ着実に片付けていきましょう。

頑固で偏屈な一面もあり

穏やかで素直な人柄ではありますが、四角四面に物事をとらえすぎる傾向や、偏屈で頑固な面、自分で自分を追いこんでしまうところもあります。また、白黒はっきりつけたがる面と優柔不断な面の両方を持ち合わせています。

もともとは人から「助けられる」、いろいろなものを「与えられる」など、恵まれた幸せのエネルギーを持っています。面倒見のよさを生かし、いただいたものを分け与えることで、喜びは倍に増えていくでしょう。

【今後10年間の運勢】

年	運勢
2016年	○
2017年	△
2018年	△注
2019年	×
2020年	○
2021年	◎
2022年	◎
2023年	○
2024年	○
2025年	○

◎＝高運期、○＝まあまあよい、△＝無理せずに、×＝忍耐の年、注＝思いがけないトラブルに見舞われやすいので注意 ※2月4日から新しい年になります（2021年は2月3日から）。※この表は本命星のみから見た運勢です。傾斜の星の運勢もあわせて参考にしてください。

四緑木星の恋愛運

甘え上手の愛されキャラで、異性によくモテます。愛想がいいので、その気がなくても好意があると誤解されたり、八方美人に見られることも。優しいので相手を傷つけたくなくて、どんどん断れなくなります。そんなときは信頼できる人に相談しましょう。

真面目な人が多く、友達としてはお付き合いできても、一歩踏みこんだ大人の恋愛は苦手です。自分からアプローチするよりも、されるほうが進展していくでしょう。高い理想は捨て、目の前の現実に飛びこむ勇気も必要です。

四緑木星の仕事運

生真面目で、与えられた仕事はきちんとこなす働き者です。遠方とのご縁ができやすいので、外国との取り引きや旅行業、また公務員や秘書などの事務職も向いています。植物など自然と関わる仕事もおすすめです。

ただ、あきらめが早く執着がないので、ゴールが見えないと、ダラダラと楽なほうへ流されがちな一面もあります。目標を持って進み、着実に結果を積み上げていくことで信頼が生まれます。

【向いている仕事】

旅行業、フライトアテンダント、公務員、秘書、フラワーショップ、アロマ関係、植物の栽培業、手芸家、料理関係、医療関係、薬剤師、教育関係など

四緑木星の金運

現実的なしっかり者で、将来設計に抜かりはありません。日常の細かな買い物には特に注意を払い、地味に倹約します。しかし、お調子者の面もあるので、旅行先やパーティー、飲み会などでは、勢いでお金をつぎこんでしまうこともあります。

9つの星の中で、もっとも人におごってもらえる星でもあります。お金には困ることはなく、仮に困っていても、まわりが手を差し伸べ「与えられる」ことが多い、恵まれた星です。

とはいえ、晩年になって不自由することのないように、40代、50代までにある程度貯蓄をしておくか、仕事に役立つ技術や資格を取得しておくとよいでしょう。

四緑木星の健康運

人に気を遣うタイプなので、ストレスや、神経過敏による胃腸障害や精神障害に気をつけましょう。気持ちを大

らかに。

便秘になると運勢が下降するので、野菜や果物など、繊維質のものをたくさん摂るようにしましょう。

【症状が出やすい箇所】

腸、髪の毛（円形脱毛症、抜け毛）、筋肉、リンパ、自律神経、風邪など

【ほかの星との相性】

	恋愛	仕事
一白水星	♥	★
二黒土星		★
三碧木星	♡	☆
四緑木星	♥	★
五黄土星		
六白金星		
七赤金星		★
八白土星		
九紫火星	♡	☆

♥＝恋愛の相性最高、♡＝恋愛の相性よい、★＝仕事パートナーとして最高、☆＝仕事パートナーとしてよい

※この表は本命星のみから見た相性の組み合わせです。相性は、本命星の組み合わせ以外に、月命、傾斜、同会の星によっても違ってきます。

月命が四緑木星の人

気が優しくて、争いごとが嫌いな平和主義者。人を想いやるあまり、相手に合わせて言うことを変えたり、誰とでもうまく付き合おうとするところが八方美人に映ることもあります。外ではいい人な分、自宅ではわがままになりやすい人。責任感が強い真面目な人も多いでしょう。

傾斜が四緑木星の人

争いごとが嫌いな平和主義者。好き嫌いはありますが、人に好かれたい気持ちが強いので、人前では相手に合わせます。いつも皆と仲良くやっていこうとする癒し系の人です。人に教えるのが上手で、先生という立場になる人も多いでしょう。

飽きっぽいところもあるので、次々と興味が移っていきますが、「これは」というものが見つかったら根性でやり抜きましょう。

行き詰まったときは、森林浴や植物園、お花見など、緑が多い場所に足を運んだり、旅行に出かけるといいでしょう。

同会が四緑木星の人

つらいことや大変なことがあっても、いつもまわりの人が助けてくれる環境にあります。周囲には、面倒見のいい優しい人が多いでしょう。皆と仲良く協力しながら、共存繁栄の精神で「持ちつ持たれつ」を大切にしましょう。

大自然があなたに癒しとエネルギーを与えてくれます。「すべてはつながっている」という意識が、ご縁をさらに広げてくれるでしょう。

【月命】＝おもに幼少期に受けた影響　【傾斜】＝潜在能力　【同会】＝環境や縁

五黄土星(ごおうどせい)の性格と運勢

面倒見がよく存在感ある親分肌

エネルギーが強いが

グジグジと考えすぎる一面も

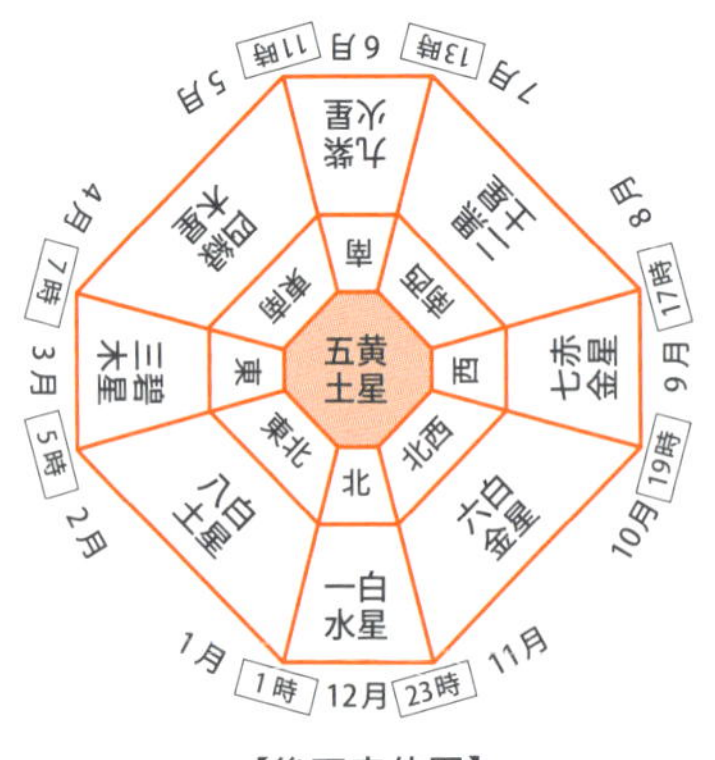

【後天定位図】

中央に位置する「帝王の星」

遁甲盤の後天定位図を見ると、五黄土星は中央に位置しています。中央にいて、手を伸ばせば何でも手に入れることができることから、「帝王の星」ともいわれます。

二黒土星の「土」は「畑の土」でしたが、五黄土星の「土」は「田んぼの土」。黄土がかった色から、五黄土星の「黄」はきています。

そして担当している季節は、雨が多くジメジメした土用。このため、何か問題があるといつまでもグジグジと引きずって考えすぎたり、物事に執着して抜け出せなくなる傾向があります。意識して、気持ちを切り替えていきましょう。

エネルギーが強く影響力のある星

五黄土星はもともと自然界のエネルギーではなく、人間そのものを担当しています。このため、五黄土星の人は「今を生きる」エネルギーがどの星よりも強いのが特徴です。まわりへの影響力もとても強い人です。

人一倍バイタリティーがあって、その存在感にはまわりが圧倒されるほど。親分肌で実力もあるので、リーダーになることを望まれます。決断するのに時間はかかりますが、いったん決めると、最後までやり遂げる責任感があります。

義理人情に厚くて面倒見がよく、頼ってきた人に対しては「何とかしてあげたい」という愛情深さもあります。九星の中でもっとも優しい星です。

マイペースでオンリーワン 感情表現は苦手

後天定位図では五黄土星は中心に位置しているため、本命に五黄土星を持つ人は、やや自己中心的なところがあります。人に指図されることを嫌い、また人からどう見られているかもあまり気にしません。マイペースでオンリーワン。「私は私！」という意識の強い人です。

また、感情表現が苦手で、優しさや人のよさがうまく伝わらず、一番誤解されやすい星でもあります。自分では気持ちを伝えているつもりでも、思っているほど相手には伝わっていません。多少オーバーに伝えるくらいがちょうどいいでしょう。

自分から率先して笑顔で明るく、外に出ていく気持ちを持つことが開運のカギです。

簡単に人を信用するタイプではありませんが、長い時間をかけて付き合ううちに「この人は信じられる」と思ったら、絶対に裏切らない面も特徴的です。

引き寄せる力が強く すべては自分次第

五黄土星は、「こうなりたい！」「これが欲しい！」といった願望を現実にする力を持っています。よくも悪くも引き寄せる力が強いので、すべてのことは自分次第です。

真ん中の枠の中にいるため、小さな世界で満足してしまう人も多く、積極的にまわりに興味を持ち、世界を広げていくことで成功できるでしょう。できるだけ視野を広く、意識を高く持つことが大切です。

欲が深いため、過程より結果がすべてというところがあります。本来は実力のある人なので、自信を持って、家族や部下など周囲への思いやりを忘れずに進んでいけば、結果はきちんとついてくるでしょう。「奉仕の精神」を持ち、「世の中のために生きる姿勢」を心がけることが、運氣アップのカギです。

【今後10年間の運勢】

年	運勢
2016年	△
2017年	△
2018年	×
2019年	○
2020年	○
2021年	◎
2022年	○
2023年	◎
2024年	○
2025年	△

◎＝高運期、○＝まあまあよい、△＝無理せずに、×＝忍耐の年、注＝思いがけないトラブルに見舞われやすいので注意　※2月4日から新しい年になります（2021年は2月3日から）。※この表は本命星のみから見た運勢です。傾斜の星の運勢もあわせて参考にしてください。

五黄土星の恋愛運

簡単に人を好きになるタイプではなく、心を開いて打ち解けるまでに時間がかかります。でも、いったん好きになったら、その人しか見えなくなり、とことん愛しぬく一途さがあります。略奪愛がもっとも多いのもこの星です。

愛情が深すぎるので、相手に与えすぎたり、束縛しすぎてしまうと、重荷になってしまうこともあります。見守る姿勢を大切にしましょう。

また、好きになるとまわりが見えなくなるので、視野を広げて人の意見にも耳を傾けましょう。

五黄土星の仕事運

責任感が強くて、真面目な働き者。与えられた仕事はきっちりとこなしますが、思いこみが激しく融通が利かないところもあります。

五黄土星は、ほかの星に囲まれて中心に位置します。つまり山の頂上にいるのと同じ。皆に足場を支えてもらっていることを忘れてはいけません。人に役立つ生き方をすれば、八方ふさがりにならず、逆にまわりが力を貸してくれます。人の嫌がるような仕事を率先して引き受けていきましょう。

【向いている仕事】
政治家、警察官、教師、医療関係、ヘルパー、リサイクルショップ、清掃業、冠婚葬祭関係など

五黄土星の金運

お金に対しては現実的で、無駄遣いを嫌う人。最低限、生活に必要なものにはお金を使いますが、趣味にはあまり使いません。必要なものでも吟味して、できるだけ安価なものを購入するしっかり者です。

ただ食通なので、食べることには妥協せず、エンゲル係数は高くなりそう。また、愛する彼や、または子どもの教育費など、大切な人のためには惜しみなく使います。お金がある程度ないと精神的にも不安になりやすいので、計画的に人生設計をしていきましょう。

五黄土星の健康運

基本的には丈夫です。少しのことでは弱音を吐かない我慢強さがあるので、症状が悪化してはじめて具合が悪いと感じることもしばしば。無理をしすぎて重症化させないように気をつけて。

【症状が出やすい箇所】
内臓全体（体の中心、腹部）、発熱、下痢、腫れ物、膿（うみ）など

【ほかの星との相性・五黄土星の男性】

	恋愛	仕事
一白水星		
二黒土星	♥	☆
三碧木星		★
四緑木星		
五黄土星	♡	☆
六白金星	♡	★
七赤金星	♡	☆
八白土星	♥	★
九紫火星	♥	★

【ほかの星との相性・五黄土星の女性】

	恋愛	仕事
一白水星		★
二黒土星	♥	★
三碧木星		
四緑木星		★
五黄土星	♥	★
六白金星	♡	☆
七赤金星	♡	★
八白土星	♥	☆
九紫火星	♥	

♥＝恋愛の相性最高、♡＝恋愛の相性よい、★＝仕事パートナーとして最高、☆＝仕事パートナーとしてよい
※この表は本命星のみから見た相性の組み合わせです。相性は、本命星の組み合わせ以外に、月命、傾斜、同会の星によっても違ってきます。

月命が五黄土星の人

自分をしっかり持っていて、わが道を行くタイプです。体も丈夫でバイタリティーがあります。他人からどう思われようと、「自分は自分」とあまり気にしません。無愛想なところがあるので、誤解されやすく、損をしてしまうこともあるでしょう。

傾斜が五黄土星の人

五黄土星の傾斜はありません。

同会が五黄土星の人

トラブルを抱えた人があなたを頼ってくるでしょう。あなた自身は関わりたくないと思っていても、解決する力があるのですから、逃げずに力になってあげましょう。一つ一つ対処するごとに、あなたの実力は確実にアップしていきます。困っている人の役に立てる人です。

影響力が強いので、「相手を生かす」ことを意識した助言をしましょう。優しさと愛を持って、オブラートで包んだ表現を心がけるとよいでしょう。

【月命】＝おもに幼少期に受けた影響　【傾斜】＝潜在能力　【同会】＝環境や縁

六白金星（ろっぱくきんせい）の性格と運勢

男性のエネルギーを持つ輝ける星

リーダーシップがあり

責任感、正義感も強い完璧主義

夜を担当する「精神性の星」

遁甲盤の後天定位図を見ると、六白金星は北西60度に位置しています。

北西は、夕日が沈んだあとから夜を担当しています。六白金星の「白」は、その暗闇に一番映える「神聖な色」。暗闇＝苦労の中に見える一筋の希望の光（白）のように、六白金星はつねに希望の光を与えていく「精神性の星」といわれています。

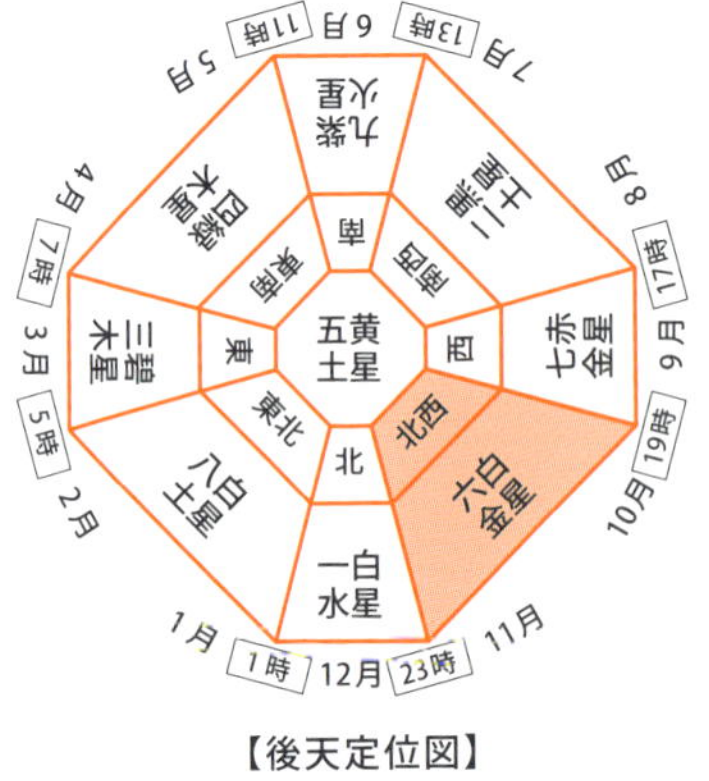

【後天定位図】

時間にすると19時～23時。仕事を終えたあとのプライベートな時間です。もう誰の指図も受けません。なので、六白金星の人は指図されることを嫌がります。

季節でいうと10月～11月。秋に収穫した作物が大量に収納された倉庫の「充実」が、六白金星の働きです。たくさん収穫できるので、人に分けたくなります。奉仕・ボランティアも六白金星のエネルギーです。

リーダーシップがあり決断の早い完璧主義

六白金星は、先天定位図（8ページ参照）では南に位置しています。南の「陽」のエネルギーを持つさんさんと輝く太陽の星。なので、男性的で、リーダーシップがあり、自信家でプライドが高く、気性の激しいところもあります。男性顔負けのバリバリのキャリアウーマンタイプが多いのも特徴です。

存在感があり、近寄りがたい雰囲気を持っているので、初対面の人には気安く声をかけにくいと思われがちです。でも、話をしてみると、とても庶民的で親しみやすい人です。

モタモタするのが嫌いで、つねに先を読んで決断していきます。すぐに結果を出したがるのですが、あせりは禁物。ゆっくりしたペースで、一歩一歩確実に進んでいくほうが満足した結果を得られるでしょう。

責任感、正義感も強く、完璧主義で妥協を許しません。自分なりのやり方、自分なりのルールを貫きます。自分自身にも完璧を求め、いつでもナンバーワンになりたい人です。

年上にも年下にも、またどのような地位にある人にも公平に接するので、信用を集め、信頼関係を築いていくでしょう。特に権力のある人との出会いから、力をつけていきます。まわりの人に評価されることで自信を得て、さらなる発展へとつなげていきます。

じつは見た目より ずっと繊細

二黒土星のところで「陰極まって陽となる。陽極まって陰となる」と説明したように、六白金星は「陽」の極みなので、じつは内側に「陰」の性質を持っています。

人前で強い面を出している人ほど、家に帰ると落ちこんだり、何気ない一言にひどく傷ついたり。見た目よりずっと繊細なのです。

「実り」のエネルギーで まわりを助けていく

もともと自然界で収穫の季節を担当し、「実り」「充実」のエネルギーを与えられているので、それだけ多くの人たちを助けていく（与えていく）役割を持っています。

自分の小さな欲にとらわれず、社会のために何ができるかを意識し、活躍の場を広げていきましょう。地域のボランティア活動などに参加してみるのもいいでしょう。

傲慢にならず、謙虚さを忘れないこと。「実るほど頭を垂れる稲穂かな」の精神を忘れないようにしましょう。

六白金星の人は生涯勉強、つねに自己成長を忘れないことが運氣アップのカギです。

【今後10年間の運勢】

年	運勢
2016年	△
2017年	×注
2018年	○
2019年	◎
2020年	◎
2021年	○
2022年	◎
2023年	○
2024年	△
2025年	△

◎＝高運期、○＝まあまあよい、△＝無理せずに、×＝忍耐の年、注＝思いがけないトラブルに見舞われやすいので注意　※2月4日から新しい年になります（2021年は2月3日から）。※この表は本命星のみから見た運勢です。傾斜の星の運勢もあわせて参考にしてください。

六白金星の恋愛運

基本的に女王様（王様）タイプなので、自分に尽くしてくれる人が大好きです。でも、尊敬できない人とは付き合えないので、何でも「ハイハイ」と言いなりになる人はダメ。リーダーシップがあって、男らしくて、なおかつ自分にぞっこんで尽くしてくれる人……という高い理想を持っています。

あなたにとって一番大切なものは何かを考え、相手に完璧を求めすぎず、相手のいい部分、尊敬できる部分を見つけていきましょう。愛されたかったら、まず相手を愛することです。

六白金星の仕事運

責任感や正義感が強く、まかされると期待以上の結果を生む力を持っています。実力はあるので自信を持ちましょう。独立、会社経営に向いています。

ただ、力にまかせて「私が、私が」とワンマンに走ってしまうと、せっかくのリーダーシップも、「振り返ったら誰もついてきていない」ということになりかねません。つねに目下(部下)を気にかけ、チームワークを大切にしましょう。面倒見がいいので、人に教える仕事や医療関係も向いています。

【向いている仕事】

会社経営、政治家、秘書、教育者、宝飾関係、精密機械関係、聖職者、宗教関係、医師など

六白金星の金運

人生の中で何度か、かなりの大勝負に出ることがあるでしょう。株や投資など、大金をさらに増やして大きくすることが得意な勝負師です。ちまちまコツコツ貯金することにはまったく興味がありません。出費が多いからといって、日々節約して生きるくらいなら、もっと収入を増やすことを考えます。

自分に投資するのも大好き。より自分を輝かせるもの、成長するための勉強にどんどんお金を使っていきますが、不思議とお金はまわってきます。若い頃はお金で苦労する人も多いのですが、晩年になるほど豊かになっていきます。お金に執着がなく、交友関係で出費もかさむので、あまり見栄を張りすぎないようにしましょう。

困っている人を見ると、ついお金を貸してあげたくなりますが、相手の自立を妨げない程度にしましょう。

六白金星の健康運

完璧主義で妥協を許さず、無理して

一人で抱えこんでしまうため、健康そうに見えても、体は悲鳴を上げていることがあります。体は一つしかありません。自分を大切にしていきましょう。特に、心臓や循環器、肺などに注意しましょう。

【症状が出やすい箇所】

循環器（おもに心臓）、肺、呼吸器、多汗、肋膜、肋骨、大動脈など

【ほかの星との相性】

	恋愛	仕事
一白水星	♡	
二黒土星	♥	☆
三碧木星		★
四緑木星		
五黄土星	♥	☆
六白金星	♡	★
七赤金星	♡	☆
八白土星	♥	★
九紫火星		★

♥＝恋愛の相性最高、♡＝恋愛の相性よい、★＝仕事パートナーとして最高、☆＝仕事パートナーとしてよい

※この表は本命星のみから見た相性の組み合わせです。相性は、本命星の組み合わせ以外に、月命、傾斜、同会の星によっても違ってきます。

月命が六白金星の人

自分の考えを持っているしっかり者。奉仕の精神も旺盛で、周囲から頼りにされるリーダータイプです。時に、はっきりした物言いで、相手をドキッとさせることもあります。意見を押しつけないように注意しましょう。相手に聞いてもらうには、まずは自分が聞いてあげることが大切。聞き上手になりましょう。

傾斜が六白金星の人

責任感が強く、皆から頼りにされるしっかり者の頑張り屋さん。幼い頃より自立を求められる環境にいた人が多く、人一倍苦労をしてきたことでしょう。

実力はあるので、理想を高く持ちすぎたり、完璧を求めすぎたりせずに、着実に一つ一つ結果を積み上げていけば、かなりの成果を残せます。何でもかんでも背負いこみすぎず、たまには人に頼ったり、信頼して委ねることも必要です。

行き詰まったときは、お城や神社仏閣、または一流ホテルやブランドショップなどの高級感が漂う場所に行ってみるとよいでしょう。

同会が六白金星の人

自分流のこだわりを持つ人、社会的に成功者と言われる人、多くの人から信頼されている立派な人がまわりに集まりやすい環境です。あなたも「私には無理」と決めつけず、彼らを見習って、できることから一つずつ始めてみましょう。新しいご縁ができ、活躍できる世界が広がっていくことでしょう。

【月命】＝おもに幼少期に受けた影響　【傾斜】＝潜在能力　【同会】＝環境や縁

七赤金星（しちせききんせい）の性格と運勢

楽しいことが大好き！
お金に縁があり、交友関係も広いが
落ち着きがなくて落ちこみやすい

【後天定位図】

おっちょこちょいでロマンチスト

遁甲盤の後天定位図を見ると、七赤金星は西30度に位置しています。時間にすると17時〜19時。七赤金星の「赤」は、西に太陽が沈んでいくときの真っ赤な夕日の「赤」です。

日が沈む夕日の頃、仕事帰り、夕飯の支度をするせわしない時間帯なので、七赤金星の人は落ち着きがなく、おっちょこちょいなところがあります。また、夕日のきれいな場所はロマンチックなデートコース。なので、七赤金星の人はとてもロマンチストで、ムードを大事にします。

季節でいうと秋。9月は秋の「実り」を表し、収穫物をみんなで分け合い、喜びを味わいます。実った結果として、七赤金星の「金」はお金を担当しています。

もともと豊かさ、充実のエネルギーを持っているので、お金のめぐりがよく、縁があります。縁＝円。七赤金星の人は、お金を使うことで人の縁も上手につなぎ、また人の縁によってお金を作ることができる人です。

落ちこみやすい一面も

七赤金星は、夕日が沈んでいく西側に位置しているので、ネガティブになりやすいところがあります。人々が活動を終え、お店も「閉まる」時間帯。

なので、いったん落ちこむと、心を閉ざし、自分でどんどん落としてしまう傾向があります。

そのまま閉じこもってしまわず、意識してポジティブな方向に心を切り替え、また問題があれば恥をしのんで早めに信頼できる人に相談しましょう。

何度失敗しても立ち向かっていける芯の強さを持っているので、あきらめなければ、必ず結果を得ることができます。信念を持ちましょう。

軽そうに見えて真面目 楽しい会が大好き

愛嬌があってかわいらしく、いくつになっても年齢不詳。おばあちゃんになっても若々しくかわいい人です。

軽そうに見えて真面目、遊び人に見えて身持ちは固い、見た目よりずっとしっかりしていて責任感があります。自分も楽しみながら、人も楽しませることができるので、まわりにはたくさん人が集まってきます。お酒の席やイベントに七赤金星の人がいると、とても楽しい会になります。

頭がよく、理性で物事を考えるので、納得できないことは受け入れません。また七赤金星は、冷やすと硬くなる「金性（金属）」なので、人に冷たくされると、どこまでも冷たく頑固になります。逆に、金属は熱に弱いため、優しくしてくれる人やサポートしてくれる人には心を開き、とことんついていくところがあります。

「話すこと」が人生を左右する

カリスマ性があって、おしゃべり上手。説く力（解説、説得、説明する力）、コミュニケーション能力があり、「話す」ことが人生を大きく左右します。七赤金星の人の言葉は非常に影響力があるので、プラスの表現を心がけましょう。

好奇心旺盛で、流行や情報にも敏感、引き出しをたくさん持っているので、相手のニーズにこたえる力があり、困ったときに頼りにされる存在です。

豊かな人脈が七赤金星の人の強み。信頼できる仲間をたくさん持つことが、幸せにつながる開運のカギです。

【今後10年間の運勢】

年	運勢
2016年	×
2017年	○
2018年	◎
2019年	◎
2020年	○
2021年	○注
2022年	○
2023年	△
2024年	△
2025年	×

◎＝高運期、○＝まあまあよい、△＝無理せずに、×＝忍耐の年、注＝思いがけないトラブルに見舞われやすいので注意　※2月4日から新しい年になります（2021年は2月3日から）。※この表は本命星のみから見た運勢です。傾斜の星の運勢もあわせて参考にしてください。

七赤金星の恋愛運

　初対面でも物怖じせず、誰とでも気さくに話ができるので、異性にはとてもモテます。ただ、無意識のうちに盛り上げ役を買って出たり、まわりの世話ばかり焼いてしまうことがよくあります。そのため、知らないうちに意中の人が別の人とくっついていたり、興味のない人に言い寄られて困ったりということも。三枚目になりすぎないように注意しましょう。輝く笑顔が最高の武器です。

　また、人に対してあまり執着心がないため、お付き合いが長く続くと、愛情が薄れたと誤解されることもあるでしょう。説く力を発揮して、大切な人には愛のささやきを怠らないこと。

七赤金星の仕事運

　責任感が強く、頼まれると断れない性格なので、無理をしてでも頑張って結果につなげていきます。目標や理想が高く、完璧を目指すので、周囲がついていけなくなることもあります。その場の対応は柔軟性があって的確ですが、一貫性がないと方向を見失ってしまう恐れがあるので気をつけましょう。

　もう一歩というところで気を抜くツメの甘さも見受けられます。達成したいことがあったら最後まで気を抜かないで。

【向いている仕事】
アナウンサー、司会業、セミナー講師、解説者、サービス業、飲食業、歯科医、金融業、コンサルタント業、教育関係など

七赤金星の金運

　しっかりした経済観念を持っていて、若いうちは資格取得など自己投資につぎこみます。あまりお金に執着がない人も多く、資格は取っても生かすことなくそのままということも。晩年に還元できる投資をしましょう。

　お金に困っても、いつの間にか入ってくる金運の持ち主ですが、お金は出さないと循環しません。お金を使った分だけ、人との縁につながります。七赤金星の人にとって、人の縁こそが財産です。目先のお金に飛びつかないようにしましょう。

七赤金星の健康運

　働きすぎや無理しすぎで体調を崩し

やすいですが、根本的には丈夫です。無理をすると、肺炎や風邪など呼吸器系に症状が出やすくなります。また食べることが大好きなので、暴飲暴食やお酒の飲みすぎに気をつけましょう。歯の治療で運氣がアップします。

ポジティブで明るい生き方が反映され、元気で長生きできる星です。

【症状が出やすい箇所】
呼吸器、のど、歯、便秘、月経不順、打ち身など

【ほかの星との相性】

	恋愛	仕事
一白水星	♡	★
二黒土星	♥	★
三碧木星		
四緑木星		★
五黄土星	♥	☆
六白金星	♡	☆
七赤金星	♡	★
八白土星	♥	☆
九紫火星		

♥＝恋愛の相性最高、♡＝恋愛の相性よい、★＝仕事パートナーとして最高、☆＝仕事パートナーとしてよい
※この表は本命星のみから見た相性の組み合わせです。相性は、本命星の組み合わせ以外に、月命、傾斜、同会の星によっても違ってきます。

月命が七赤金星の人

愛嬌があって皆にかわいがられる人気者。周囲の人を喜ばせるのが得意です。見た目はやわらかい印象ですが、中身は現実的なしっかり者。幼い頃より頼りにされることが多く、精神的に大人にならざるをえない環境だったかもしれません。過去の経験を生かして、リーダーシップを発揮し、夢を実現していきましょう。

傾斜が七赤金星の人

お茶目で遊び心いっぱいの子どもっぽさと、現実的でしっかりと地に足のついた面の、相反する二面性を持っている人。それがミステリアスに映るため、皆あなたに興味津々。人をひきつける魅力になっています。カリスマ性もあるので、あなたらしさを生かしていけば、かなりの人気者になれるでしょう。

行き詰まったときは、信頼できる友人に相談したり、喫茶店や居酒屋など、皆で集まってワイワイと楽しめる場所に足を運ぶのがおすすめです。

同会が七赤金星の人

あなたのまわりは、明るくにぎやかで社交的な人たちが集まりやすい環境です。交際費もかかりますが、決して無駄にはなりません。人脈豊富な人がたくさんいるからです。上手にご縁をつないでいきましょう。

あなたが持っている情報を、必要な人にどんどん教えてあげましょう。どれだけたくさんの引き出しを持てるか、が開運のカギです。

【月命】＝おもに幼少期に受けた影響　【傾斜】＝潜在能力　【同会】＝環境や縁

八白土星（はっぱくどせい）の性格と運勢

どんなときも頼りになる

優しくて真面目な努力家

山のような存在感で、晩年に花開く

【後天定位図】

「山」のような存在感

遁甲盤の後天定位図を見ると、八白土星は東北60度に位置しています。時間にすると1時～5時、真夜中から明け方までの、空がだんだん薄明るくなっていく神秘的な時間です。この神秘的な時間から、八白土星の「白」はスピリチュアリティ＝「精神性の高さ」を表しています。

季節でいうと、冬の終わりから春の初め、もっとも寒さが厳しい1月から、春の始まる（立春）2月を担当しています。

八白土星は「山」にたとえられます。風林火山でおなじみの「動かざるは山のごとし」は、まさしく八白土星のこと。存在感があり、何も語らなくても目立ちます。

また、人当たりがよく、誰に対しても優しくて面倒見のよいところがあります。特に自分を頼ってきてくれる人には、親身になって力になろうとする頼りになるタイプです。

着実に努力し晩年に花開く

真面目で努力家。人前で苦労しているところを見せたり、弱音を吐いたりすることはありません。頼まれたことは、責任を持ってきっちりと形にするので、絶大な信頼感があります。

山を登るかのようにコツコツと一歩

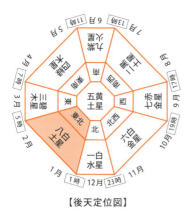

一歩努力を積み重ね、人生晩年になればなるほど、大きな結果を残せる人です。

反面、目標がないと動けないところもあります。日々の目標から人生の目標まで細かく設定することで、前進していくタイプなので、できるだけ具体的な目標を掲げましょう。

親族との縁が開運のカギ

八白土星の人には「継ぐ」という役目があります。命を継いでいく、継続していく、さらには「見える世界と見えない世界の橋渡し」の役割も持っています。

そのことから、家族・親族との縁がとても大切になります。お墓参りなどの先祖供養を怠らず、つねに守られ生かされていることへの感謝を忘れないようにしましょう。そうすれば、晩年はよりいっそう豊かな人生を送れるでしょう。

家族・親族との関係が今ひとつという人は、できるだけ「許す」ことで、自分の中のわだかまりを手放していきましょう。その心を持つだけでも、人生はかなり好転していきます。

家族・親族・嫁ぎ先との間などで実際にトラブルを抱えているという人は、できるところから、時間をかけてゆっくりと解決していく努力をしましょう。それが、自分の人生だけでなく、子孫の人生の豊かさにもつながっていきます。あなたに託された役割の一つです。

チャンス到来を見極めて

育てることが上手で教え上手なうえに、待つことができるため、先生向きの人です。特に、挫折を味わって人生をあきらめているような人に対して、「更生させる能力」がピカイチなので、ぜひ力になってあげましょう。相手のよいところや才能を伸ばし、やる気にさせることが上手です。自信を持ちましょう。

一方で、マイペースでのんびりタイプなので、自分のことになると待ちすぎてしまって、チャンスを逃しやすい傾向もあります。ここぞというときに決断に踏み切る勇気を持つことが、人生の豊かさを広げるコツです。

【今後10年間の運勢】

年	運勢
2016年	△注
2017年	○
2018年	◎
2019年	○
2020年	◎
2021年	○
2022年	○
2023年	△
2024年	×
2025年	△

◎＝高運期、○＝まあまあよい、△＝無理せずに、×＝忍耐の年、注＝思いがけないトラブルに見舞われやすいので注意　※2月4日から新しい年になります（2021年は2月3日から）。※この表は本命星のみから見た運勢です。傾斜の星の運勢もあわせて参考にしてください。

八白土星の恋愛運

ゆっくりじっくりと恋を実らせていくタイプです。自分の行動に責任の持てる人、実力のある人を好きになることが多く、好きになったら一途に想い続けます。障害があればあるほど燃え上がり、実らせる努力をしていきます。アプローチは派手ではありませんが、じわじわと積極的です。軽い恋愛はできないので、お付き合いをしたら早い段階で結婚を意識します。

家族をとても大切にするので、結婚相手には、よき夫（父）・よき妻（母）になる人を堅実に選ぶでしょう。

八白土星の仕事運

コツコツと地道に努力を重ねて、着実に結果を残していくタイプです。人から指図されるのは嫌いなので、自分から興味を持って取り組める仕事につければ、かなりの成果が出せるでしょう。

人の面倒を見たり、やる気にさせるのが上手なので、教育関係も向いています。八白土星は建物とも深いつながりがあり、建築関係、不動産関係もおすすめです。また正義感が強く、人を更生させる能力があるので、警察官なども向いています。

【向いている仕事】
教育関係、保護監察官、建築業、設計士、空間デザイナー、不動産業、警察官、自衛官、政治家など

八白土星の金運

20代～30代では、コツコツと貯めていく堅実派と、一攫千金をねらって楽して稼ごうとするギャンブラーに分かれます。浮き沈みはありますが、どちらのタイプでも、晩年にはそこそこの貯えを残すことができるでしょう。

不動産とのご縁があるので、現金で持っているよりも土地や建物に替えるとよいでしょう。家族や親族との関係がいい人は、晩年、不動産運に恵まれる可能性が高いです。

家族・親族から頼りにされ、自分のためより、家族のためにお金を使うことも多いかもしれません。お金は生き物。人に喜ばれる使い方なら、いつかはきちんとあなたの元に戻ってきます。

八白土星の健康運

八白土星のおもな働きに「継ぐ（つなぐ）」があり、体の中でもつなぎ目、つまり関節を担当しています。腰痛、ぎっくり腰、関節痛、骨折、捻挫など

の症状が出たときは、かなり自分自身を痛めつけ、無理をしている証拠です。ゆっくりと休養しましょう。自分を大切にするための「気づき」の症状です。

また運動不足になりやすいので、適度に体を動かすことを心がけましょう。

【症状が出やすい箇所】

関節、骨、鼻（蓄膿症など）、耳（外耳炎など）、リウマチなど

【ほかの星との相性】

	恋愛	仕事
一白水星		
二黒土星	♥	☆
三碧木星		★
四緑木星		
五黄土星	♡	☆
六白金星	♡	★
七赤金星	♡	☆
八白土星	♡	★
九紫火星	♥	★

♥＝恋愛の相性最高、♡＝恋愛の相性よい、★＝仕事パートナーとして最高、☆＝仕事パートナーとしてよい

※この表は本命星のみから見た相性の組み合わせです。相性は、本命星の組み合わせ以外に、月命、傾斜、同会の星によっても違ってきます。

月命が八白土星の人

実年齢より年上に見られるしっかり者で、子どもの頃は精神的に苦労した人が多いでしょう。そんなときでも、仲間に恵まれて助けられてきたはず。お陰様の世界を大切にしていて、つねに大きな力で守られている人です。

傾斜が八白土星の人

基本はマイペースなのんびり屋ですが、必要なときには忍耐強く頑張ります。理想が高く、自分の弱みを人に見せたくない人。一人で何でも抱えこみ、無理をしすぎてまわりに迷惑をかけてしまうことも。時には相手を信じ、まかせることも必要です。頑固になりすぎず、気持ちを素直に表現すると、人付き合いもスムーズにいくでしょう。

行き詰まったときは、山に登ったり、展望台や屋上など高いところに行くと、視野が広がり、あなたらしさを取り戻すことができます。

同会が八白土星の人

職場や家庭などさまざまな場面で出会いや別れがあり、つねに変化する環境にあります。でも、怖れることはありません。変化＝進化です。変化があるたびに、経験を積み重ねて成長していきます。

周囲から頼られることも多く、逃げだしたくなることもあるでしょう。どんな環境でも、自信と信念を持って少しずつ前進すれば、超えられない課題はありません。自分の底力を信じましょう。とても実力のある人です。

【月命】＝おもに幼少期に受けた影響　【傾斜】＝潜在能力　【同会】＝環境や縁

九紫火星（きゅうしかせい）の性格と運勢

輝く太陽のように情熱的な人

頭脳明晰で

クリエイティブな才能もあり

夏の太陽のように情熱的な人

遁甲盤の後天定位図を見ると、九紫火星は南30度に位置しています。時間にすると11時〜13時、1日のうちでもっとも太陽のエネルギーが強く、さんさんと輝く時間帯です。

季節は6月、1年で見ると夏至にあたり、太陽がいちばん高い位置にいてもっとも強い時期です。この熱により地表が温められ、私たちの体感は少し遅れて7〜8月から暑いと感じます。

【後天定位図】

このことから九紫火星は、情熱的で、さんさんと輝く太陽のような人。美しいものへの感覚が鋭く、ファッションセンスがあり、ぱっと人目を引く人が多いのが特徴です。

そのため、人に対しても見た目を重視し、外見だけで判断しがち。中味もじっくりと見ていくようにしましょう。

頭脳明晰の努力家

同時に、頭脳明晰で、新しいものに敏感な努力家でもあります。知識も非常に豊富で、納得するまで掘り下げる探究心があります。直観力やひらめきもすぐれているうえ、先見の明もあります。こういった能力を生かして、クリエイティブな分野で活躍する人も多いでしょう。

ただ、熱しやすく冷めやすい部分もあります。興味を持っているときの情熱には目を見張るものがありますが、いったん冷めると何事もなかったかのようになって、あっという間に別のものに没頭します。そんな九紫火星に、周囲の人は振り回されることも多いかもしれません。

　また思いこみが激しいところもあり、判断を間違うことも少なくありません。まわりの意見を取り入れる柔軟性や余裕を持ちましょう

リーダーシップのある姉御肌

　九紫火星の人は、我慢強くプライドも高いため、自分の弱みや苦労している姿を決して人には見せません。そのため、「顔で笑って心で泣いて」「華やかな世界にいながら、家庭の中は火の車」のように、表向きと本当の姿が違う人も少なくありません。九紫火星の人が頼って弱音を吐いたときは、相当につらいときでしょう。

　また、リーダーシップがあってきっぷもよく、頼られるとどこまでも面倒見る姉御肌タイプです。年齢が若くても自立しているしっかり者が多いのも特徴です。

　頭の中でつねにいろいろなことを考えていて、たとえトラブルが生じても、一人で考え解決していきます。人に話すときには、すでに結論を出したあとで、突然聞かされた相手はびっくり仰天ということも。そんなところから誤解が生じることもあります。

一人が好きな一匹オオカミ

　五行の相生図（9ページ参照）を見ると、九紫火星は、一白水星と同様に、兄弟星がいない「孤独星」。このため集団行動が苦手で、自分のペースで行動したい一匹オオカミタイプです。職場や学校、家庭など集団行動が必要な場所で過ごしても、1日の中で必ず1回は、一人になれる時間を確保するようにしましょう。

　また、プライドが高く、人に頭を下げるのが苦手な面もあります。謙虚さを身につけるためにも、神社や仏閣に行って頭を下げたり、尊敬できる人を身近で見つけて指導を仰ぐとよいでしょう。そうやって成長を続けることが開運のカギです。

【今後10年間の運勢】

年	運勢
2016年	◎
2017年	◎
2018年	○
2019年	○
2020年	○注
2021年	△
2022年	△
2023年	×
2024年	○
2025年	◎

◎＝高運期、○＝まあまあよい、△＝無理せずに、×＝忍耐の年、注＝思いがけないトラブルに見舞われやすいので注意　※2月4日から新しい年になります（2021年は2月3日から）。※この表は本命星のみから見た運勢です。傾斜の星の運勢もあわせて参考にしてください。

九紫火星の恋愛運

魅力的で、パッと人目を引く華やかさを持っています。つねに「恋する女」でいたい人。まわりからはマドンナ的な存在で非常にモテるでしょう。

ただ理想が高いため、好意を寄せてくれる人に満足することはできません。追いかけられるより、追いかけていたい人で、好きになったら、情熱的にアプローチします。しかし、手に入れるまでが花。ドキドキ感がなくなるやいなや別の人へと、心も移りやすいでしょう。

熱しやすく冷めやすいので、表面的なところで判断せず、時間をかけて相手のよい面も見ていくようにすると、もう少し充実した恋愛ができるでしょう。

九紫火星の仕事運

まかされた仕事は責任を持ってきっちりと仕上げるうえに、頭の回転が早く要領もいいため、仕事場では大変重宝されます。

スポットライトを浴びるような華やかな世界、美しい世界で活躍する人も多いでしょう。機転がきくので、秘書や補佐などの仕事も向いています。興味があることには一生懸命で、それなりの結果も出すので、どの世界でも頭角を表すでしょう。

【向いている仕事】
ファッション関係、モデル、タレント、美容師、エステティシャン、宝飾関係、社長秘書、弁護士、プロデューサー、記者、評論家、芸術家、会計士、政治家など

九紫火星の金運

お金がないときでも、つい見栄を張って、高級品を買ったり、洋服やアクセサリーにつぎこんだりということが多々あります。人からどう見られているかを気にするので、少しくらい高くてもいいものが欲しい人です。

ある程度自分で稼ぐ力があるので、計画的に貯蓄をしていけば、晩年もそんなに困ることはないでしょう。奉仕の精神が旺盛なので、情に流されると財布の紐がゆるくなります。気をつけましょう。

九紫火星の健康運

おもに首から上と眼に症状が出やすい傾向があります。頭痛、高血圧、ヒ

ステリー、眼精疲労、視力低下などを感じたら、休養をとってエネルギーを充電しましょう。日頃から、あくせくしすぎないことが肝心です。1日にほんの数分でいいので、ゆっくりと呼吸し、自分を見つめる時間をつくるようにするとよいでしょう。

【症状が出やすい箇所】
脳・循環器、頭、目、精神疲労、不眠など

【ほかの星との相性】

	恋愛	仕事
一白水星		
二黒土星	♡	☆
三碧木星	♥	★
四緑木星	♥	☆
五黄土星	♡	☆
六白金星		★
七赤金星		
八白土星	♡	★
九紫火星	♡	★

♥＝恋愛の相性最高、♡＝恋愛の相性よい、★＝仕事パートナーとして最高、☆＝仕事パートナーとしてよい
※この表は本命星のみから見た相性の組み合わせです。相性は、本命星の組み合わせ以外に、月命、傾斜、同会の星によっても違ってきます。

月命が九紫火星の人

論理的で頭がよく、理想が高くて、かつ独創的です。中には、非現実的な夢の世界へ入っていきやすい人もいるでしょう。カリスマ性があり、人と少し違った魅力を発していきます。独特な個性を生かし、リーダーとして活躍できるでしょう。

傾斜が九紫火星の人

活動的で熱しやすく冷めやすい人。派手好きで、美しいものや芸術的なものにひかれやすく、見た目を大切にします。何かと注目を集め、リーダーシップもあるため、頼りにされて責任のある立場をまかされるでしょう。しかし、内心は心配性で、自信がない部分も持ち合わせています。

行き詰まったときには、華やかでゴージャスなミュージカルや映画などを観に行くとよいでしょう。美術館、博物館、書店など、知識を高められる場所もおすすめです。

同会が九紫火星の人

スター性、カリスマ性があり、つねに周囲から注目される人です。身近にすでに活躍しているスターがいるかもしれません。自分からは望まなくても、ご縁ができて華やかな場所へ行くことも多く、今後は注目される機会も増えていきます。自信を持って自分らしさをアピールしていきましょう。

ボランティア活動に参加するなどして生き方を磨いていくと、さらに発展していくでしょう。

【月命】＝おもに幼少期に受けた影響　【傾斜】＝潜在能力　【同会】＝環境や縁

氣学の幸せ
体験談①

仕事がうまくいき 氣学の力を実感

営業企画職について10年目。ずっとそこそこの成績は維持しているものの、最近は思うようにいかず伸び悩んでいました。

氣学を知って「これだ!」と思い、休みの日など、できるときに吉方取りを始めてみました。さらに、最大吉方の開運フードを食べたり、プレゼンのときには開運カラーのスーツを着て臨みました。絶対取りたい仕事のときは恵方参りにも行きました。

するとひと月後に、月間の成績優秀者としてはじめて表彰されたのです。4カ月後には100人中10位の成績で半期表彰され、5カ月後には300人中2位となって年間表彰されました! こんなに目に見える形ですぐに結果が出るなんて……氣学の力を実感しています。（Kさん）

あっという間に夢が叶い お店も大繁盛!

料理と雑貨が好きな私の夢は、好きな雑貨に囲まれた自分のカフェをオープンすることでした。でも、具体的に何をしたらいいのかわからずにいました。

そんなときに氣学を知り、「できることから始めてみよう」と、日々の吉方取りに加えて、恵方参りや開運アイテムなど、楽しみながら行なってみました。

そうして1年が過ぎた頃、なんと店舗を設計してくれる人とのご縁ができたのです。風水インテリアにもこだわって、理想的なカフェをオープンすることができました。マスコミ取材も多く、お客さまにもお待ちいただくほど順調です。あっという間に夢が叶って、氣学はすごい!と思いました。（Yさん）

夫婦関係、姑との関係が 劇的によくなりました

私はずっと夫婦関係、姑の関係に悩んでいました。勝沼先生に出会って、夫や姑の九星、自分との関係などを調べていただいたところ、思い当たることばかりで驚きました。自分と夫や姑の性質を知ることで、彼らとどう向き合えばいいのかがわかり、苦痛に思っていたことも手放すことができました。

その後、日盤吉方を取り始めると、だんだん姑が優しくなっていったのです。不思議に思って勝沼先生に伺うと、私が自分の最大吉方である二黒土星の吉方を取りに行っていたことで、二黒土星の「素直で優しい質」が取り入れられたとのこと。そうして私自身が変わったことで、まわりも変わったのだと教えられました。

思いきって年盤吉方も取ってみると、冷めかけていた夫との関係も急激によくなりました。今では、夫婦間も姑との関係も本当に良好で幸せです。（Eさん）

Step 3

吉方取りで「氣」のエネルギーを取りに行く

氣学は、必要なエネルギーを自ら取りに行くことで運氣をつかむ「攻めの開運術」です。いいエネルギーのある方位に吉を取りに行く「吉方取り」で、運氣をアップさせましょう。

吉方取りでエネルギーを取りに行く

あなたに不足している
エネルギーを補うことで
ご縁が変わる、道が開ける！

吉方取りとは必要なエネルギーを取りに行くこと

吉方取りとは、「最大吉方の方位に足を運んで、自分を最大に生かしてくれる宇宙のエネルギー（氣）を取りに行くこと」です。

Step1でご説明しましたが、最大吉方とは「あなたを幸せにしてくれる星」です。同時に、**最大吉方は「あなたを最大限に生かす方法」「あなたの全体運を上げる方法」を教えてくれる星**でもあります。**あなたに不足している部分のエネルギーを、その方位へ取りに行って補うことで、全体のエネルギー値が高まり、体感として幸せ度が増していく**わけです。

吉方取りは、取りに行けば行くほど、求めたら求めただけ、必要なエネルギーが得られます。こんなふうになれたらいいなと思っていても、人はなかなか変われるものではありませんが、吉方を取ることで確実に変わっていくのです。

自ら行動して運を引き寄せる

誰かに幸せにしてもらうのを待つのではなく、自ら行動することで必要なエネルギーを取りこみ、自分らしく生きる幸せを実感できるようになるのが、氣学の醍醐味です。吉方取りをすると、自分を活かしているエネルギーを受け取るわけですから、自然に前向きになります。

エネルギーは目には見えません。実体のないものですから、本当に取りこめているのか不安になるかもしれません。しかし、たくさんの方が実践して、自分のエネルギー値をあげています（詳しくは52・96ページの体験談をご覧ください）。あなたも、回を重ねるごとに、内側からふつふつとエネルギーが湧き出てくるのを感じることができるでしょう。

重ねるごとに五感が研ぎ澄まされていく

大昔、弱い生き物だった人間は、本来備わっていた「危険を察知する本能」「五感」を研ぎ澄ますことで生き延びてきました。

しかし、時代が進むにしたがって、安全や便利さと引き換えに、その能力を使う機会は減り、次第に退化していってしまいました。現在でも「カンの鋭い人」はいますが、ごく一部です。その他大勢の人は、まるで煙草のけむりが充満している部屋の中のように、視界も空気も悪い状態に身を置いているといえるでしょう。

人間も、ほかの生物と同じように、宇宙の大きなエネルギーの流れの中で生きています。人間が本来持っている能力、五感は、吉方取りをすることでこの宇宙のエネルギーと一体化し、正しく働きだします。

ものは試しで、まずは2カ月から半年、行なってみてください。まるで空気のクリアな禁煙席に身を置くかのように視界は開け、本能、五感が研ぎ澄まされてくるでしょう。エネルギーの存在を感じることができ、「自分によいもの、悪いもの」を察知できるようになってきます。

そうなると、縁が変わってきたり、恐れや不安がなくなってきたり、不思議と進むべき道がわかってきたり、という変化が起こってきます。もしかしたら、それははじめに望んでいた道とは違うかもしれません。しかしそれこそが、大いなるエネルギーから見て、**あなたが最大限に活かされる幸せの道、あなたが進むべき道**なのです。

最大吉方のエネルギーが、きっとあなたの人生の指針を示してくれるでしょう。あなた自身の手で開運の扉を開けてください。

がんじがらめにならず楽しむ気持ちで

吉方取りを行なうにあたって注意していただきたいのは、「方位にがんじがらめにならない」ことです。

取りこぼすことなくエネルギーを効率よく取りこみたいと思うのは当然ですが、「この方位に行かなければ幸せになれない！」と思いつめるあまり、ほかのことを犠牲にしてまで出かけるようでは、何のための吉方取りかわからなくなってしまいます。

また、「この方位は凶だから行ってはいけない」ということもありません。仕事をしていれば、仕事場が凶方位にある日でも行かなくてはいけません。そんなときは気にしなくていいのです。その分、吉方を取れるときに取っておけば、エネルギーの貯金ができます。

吉方取りを楽しむ気持ちで、無理のない範囲で行なってください。

おすすめしない方位「五大凶方」

凶方位のマイナスエネルギーを受けないために知っておきたい心構え

なるべく行かないほうがいい五大凶方

吉方取りに必要な最大吉方を割り出すに当たって、まずしなければならないことは、遁甲盤（日盤、月盤、年盤）で「五大凶方」の方位を出し、その方位を消去することです。

五大凶方とは「その方位に行くと凶作用（マイナスエネルギー）を受けてしまう方位」のこと。悪いエネルギーを受けてしまうので、行くのをおすすめしない方位です。とはいえ、仕事や家庭の事情などで、どうしても凶方位へ行かなくてはいけないこともあるでしょう。

基本的に、私は「行ってはいけない方位はない」と考えています。行かなくてはならないのには理由があります。その理由はあなたの中にあり、それを学ぶ必要があるから行かなくてはならないのです。学びはチャンスです。何も知らずに行くより、わかっていれば心構えができます。

そのときは、凶に共鳴しないように、次ページの「五大凶方に行かなければならないときの心構え」をぜひ取り入れてみてください。よりよい1日を過ごすことができるでしょう。

あなたが内側の問題に気づき、必要な学びを終えると、あなたのエネルギーはその場に共鳴しなくなり、居心地が悪く感じられるようになるでしょう。つまり凶方位のエネルギーは、**あなた自身が引き寄せている内側の問題に気づかせるための現象**なのです。

五大凶方には、その名のとおり、「五黄殺」「暗剣殺」「破壊殺」「本命（月命）殺」「的殺」の5つがあります。五黄殺、暗剣殺、破壊殺はすべての人に共通の方位、本命（月命）殺、的殺は本命星と月命星によって変わってくる個人差がある方位です。

五大凶方の5つの種類

1 五黄殺

遁甲盤で五黄土星（ごおうどせい）のいる方位です。すぐに悪いことが起こるわけではありません。人間関係、金銭関係、健康面などの問題が水面下でじわじわと深刻化し、表に出たときにはすでに手遅れとなりやすい方位です。

2 暗剣殺

遁甲盤で五黄土星のいる方位の反対側の方位です。事故やけがなど、思いがけないトラブルにあいやすくなるので注意が必要です。

3 破壊殺

その年・月・日の十二支がいる方位の反対側の方位です。進行中の計画が中止になるなど、思ったとおりに物事が運ばなくなる恐れがあります。

4 本命（月命）殺

自分の本命星と月命星のいる方位です。精神的、肉体的に大きなダメージを受けて、生きがいを失うことにもなりかねません。

5 的殺

自分の本命星と月命星のいる反対側の方位です。破壊殺とほぼ同じ作用があります。

五大凶方に行かなければならないときの心構え

自然界の「氣」（エネルギー）を使い動かしているのはあなた自身です。あなたの心構えいかんで、吉凶の作用を大きくも小さくもできます。だからこそ、五大凶方に行かなければならないときには、あなたの心の持ち方や生き方が大切なのです。

行かないに越したことはありませんが、行かざるをえないときは次のことを心がけましょう。

❶五黄殺に行かなければならないとき

明るい笑顔を心がけ、相手の言葉をよく聞いて自分の主張を押し通さないようにしましょう。カチンときても怒ったり、イライラしないこと。

❷暗剣殺に行かなければならないとき

人を傷つけてしまいやすいので気をつけましょう。お世話になった人にはお礼を忘れずに。一時停止と赤信号にも注意が必要です。

❸破壊殺に行かなければならないとき

夢や目標を意識するようにしましょう。達成できないことが明らかになっても、不満を言わず、あきらめないで。

❹本命（月命）殺に行かなければならないとき

あなた自身の役割を自覚しましょう。無理をしすぎないこと。また自分を主張しすぎず、押しつけないようにしましょう。

❺的殺に行かなければならないとき

想定外のことが起こっても、あわててはいけません。目的に固執しないで柔軟に対応しましょう。

日盤吉方、月盤吉方、年盤吉方の違い

吉方取りするときの目的によって
どれを使うのか変わってきます

最大吉方の方位（＝吉方）を割り出すときには、遁甲盤を使います。遁甲盤には、その日の方位を見る「日盤」、その月の方位を見る「月盤」、その年の方位を見る「年盤」の3種類があり、それぞれの遁甲盤で割り出した吉方を「日盤吉方」「月盤吉方」「年盤吉方」といいます。日盤、月盤、年盤のどれを使うかは、吉方取りをするときの目的によって変わってきます。

日盤吉方

日常生活の中でもっとも活用できるのが日盤吉方です。日盤吉方は、「あなたの家からの方位（外泊した場合はその外泊先からの方位）」になります。出先からの方位ではないので注意しましょう。日盤吉方が有効なのは以下のときです。

◆日々の開運のため

できるときには、吉方位へこまめに足を運ぶのが理想。近場の吉方位の温泉に行くのもいいですね。

◆日常の買い物

100万円以下なら、日盤で吉方位にあるお店を選んで行くと、いい買い物ができるでしょう。

◆日帰り〜3日以内の旅行

出発日を日盤で吉方に合わせると、楽しい旅行ができます。複数人で出かけるときは、吉方位になる人が多い方位を選ぶか、または方位を意識している人が吉方位になることを優先しましょう。

◆かかりつけの病院・60日以内の病気やけが

日盤で吉方にあるときに行くと、治療がスムーズに進みます。

◆仕事の打ち合わせ、友人宅、レストラン、美容院など

行き先が吉方になるように予定を組めると最高です。

月盤吉方

日盤吉方よりももう少し大きなエネルギーを持っているのが月盤です。月盤吉方が有効なのは以下のときです。

◆引っ越し

引っ越しはおもに年盤吉方で見ますが、月盤吉方も合わせられると理想的。特に月盤凶方位への引っ越しは、健康にストレートに作用するので要注意です。引っ越ししてから5年間、影響します。

◆大きな買い物

１００万円~1千万円の買い物は、月盤で吉方位にあるお店を選ぶとよいでしょう。

◆4日以上の旅行・海外旅行

旅の全体を決定する最初の宿泊地を、月盤で吉方位にすると、楽しい旅行ができます。さらに、出発日が日盤の吉方なら理想的。複数人で出かける場合は、吉方位になる人が多い方位か、または方位を意識している人が吉方位になることを優先しましょう。

◆はじめての病院・60日以上の病気

はじめて行く病院は月盤吉方になるところを選びたいものです。行きたい病院が決まっている場合は、その場所が吉方位になるときに出かけましょう。症状によっては待てないこともあるので、臨機応変に対応してください。専門家に相談するのもよいでしょう。

年盤吉方

距離と時間に比例して、取りこむエネルギーは大きくなります。年盤吉方が必要になるケースは影響力が大きいので、専門家に相談することをおすすめします。

◆引っ越し

できるだけ家族皆が吉方になるのが望ましいです。家族が大勢の場合は、ぜひ専門家に相談しください。60年間も影響します。

◆不動産などの大きな買い物

１千万円以上の大きな買い物には、年盤吉方をおすすめします。

◆2カ月以上の旅行や留学

出発するときの年盤吉方にある場所がおすすめです。行き先が決まっている場合は、その方向が年盤吉方になる年に出かけるといいでしょう。帰国の際も方位が影響するので、年盤吉方を活用してください。海外の場合、日本から行く方位と帰ってくる方位が真逆でない場所もあるので要注意。専門家に場所や時期を相談するといいでしょう。

◆本社機能の引っ越し、支店の開設

本社から見ての方位が社長の吉方になるようにします。

吉方位を割り出してみよう

2016年9月26日の日盤を使って、「本命星が八白土星、月命星が三碧木星（最大吉方が九紫、吉方が二黒、六白、七赤）」の人の吉方位を割り出してみましょう。年盤、月盤、日盤の吉方位の割り出し方は同じです。年盤、月盤を用いる場合も、この日盤でのやり方を参考にしてください。やり方がわかったら、巻末の年・月・日盤を使って、あなた自身の吉方位も出してみましょう。

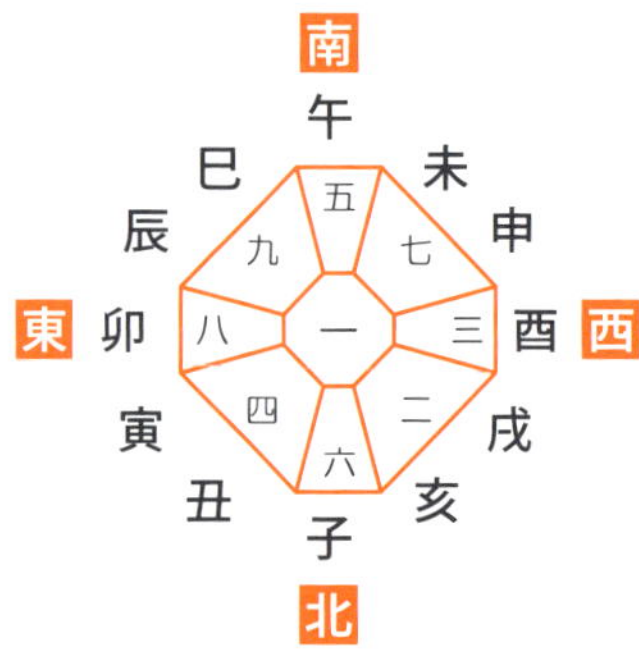

※十二支の位置はこのように決まっています。

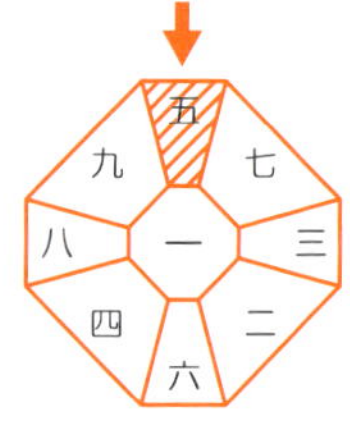

❶まず五大凶方に斜線を引いて消します。遁甲盤の真ん中、中宮の部分にある場合は消す必要はありません。はじめに五黄殺（五黄土星）を消します。

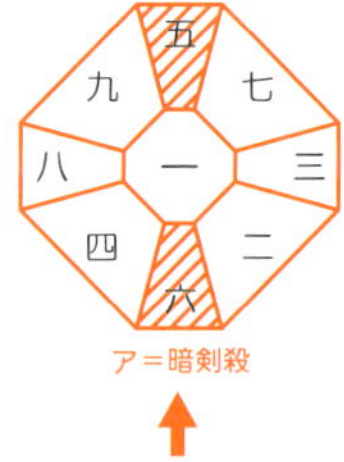

❷次に、暗剣殺（五黄土星の反対側）を消します。

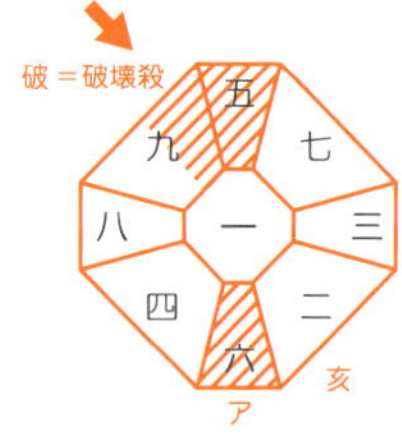

❸続いて、破壊殺（その日の十二支がいる反対側）を消します。2016年9月26日の十二支は亥なので、亥の反対側を消します。ここまではすべての人に共通の凶方です。

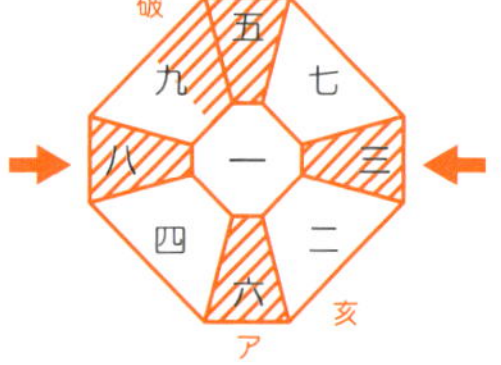

❹ここから個人差が出てきます。本命殺（自分の本命星と月命星）を消します。ここでは、本命星の八白土星と月命星の三碧木星を消します。

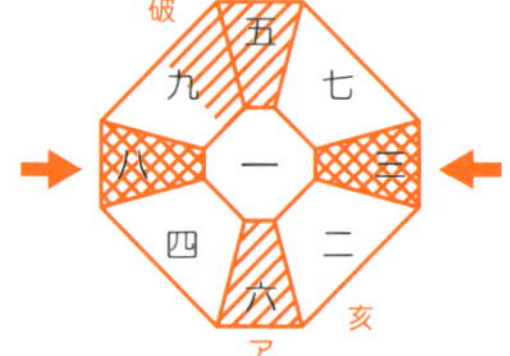

❺最後に、的殺（自分の本命星、月命星の反対側）を消します。斜線が引かれた方位が凶方位で、斜線が重なれば重なっただけ、凶が強いことになります。

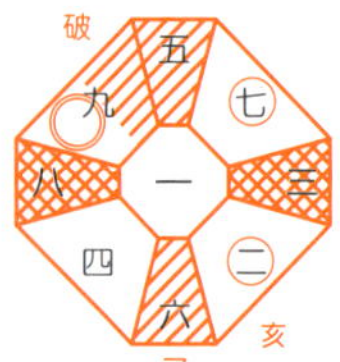

❻残った枠の中に、最大吉方があれば◎を、吉方があれば○をつけます。これで終わりです。2016年9月26日の最大吉方は東南の東寄りの半分（30度）、吉方は南西と、北西の方位とわかりました。

吉方取りに行ってみよう

1 地図を用意する

まず、住んでいる地域の大きめの地図を用意します。

2 付録の方位分度器を地図に当てる

この本の巻末についている透明の方位分度器を切り離し、地図の上に当てます。中心をあなたの家に、北を地図の真北に合わせて、最大吉方（または吉方）にある範囲を特定します。方位分度器は遁甲盤と同じように南が上になっているので、地図に合わせるときは注意してください。また、インターネット上の「吉方方位確認ツール」(www.mindzoom.co.jp) を使ってもよいでしょう。

3 家から750m以上離れた場所を特定する

吉方の範囲の中で、吉方取りに行く場所を特定します。半径750m以内はあなたの家の庭も同然なので、750m以上離れた場所にしましょう。遠くに行けば行くほど、エネルギーを取りこむことができます。

4 時間は午前中がベスト

吉方のエネルギーは太陽のエネルギーと同じなので、太陽が沈む時間に行ってもあまり取りこむことはできません。なるべく午前中に出かけましょう。午後になる場合は、ちょっと遠くへ出かけ、ちょっと長めにいられればOK。

5 その場で温かい飲み物や食事を

吉方のエネルギーを効果的に取りこむには、その土地の「火」と「水」のエネルギーを取りこむこと。つまり、その土地で温かい飲み物や食事をいただくのがよいのです！ ぜひ、カフェなどでお茶や食事を。ない場合は冷たい飲み物でもOKです。

6 最低20分ゆっくり過ごす

吉のエネルギーは、その場所に長くいればいるほど取りこむことができます。最低20分、時間のあるときは1時間でも2時間でもいるとよいですね。時間のないときは、飲み物や食事のテイクアウトでも大丈夫。エネルギーはそれなりですが、自分からよい「氣」を取りに動いたその姿勢が大きくプラスに作用します。

吉方取り Q&A

Q 吉方取りで使う地図はどんなものがいいでしょう？

A 家を中心に、1枚で行動範囲全体が見られる大きな地図がよいでしょう。地域によっては、県境などで地図が切れてしまう人もいるでしょう。その場合、例えば市全図と県全図など、範囲が違う地図が2種類あればなおよいと思います。道路マップや住宅地図は方位が正しくないことがあるので、あまりおすすめできません。真北（4┼）が明記されている地図を選びましょう。

Q 午前中になかなか吉方取りができません

A 夜しか動けない人は、夜でもエネルギーが高い温泉がおすすめ。その土地のエネルギーを、温泉につかることで取りこむことができます。日帰り天然温泉などを探して、「温泉吉方」を試してみてください。

Q 吉方取りに行った先にレストランやカフェなどがまったくない場合は？

A 地域によっては、食事や飲み物がいただけるお店がまったくないところもあります。そんなときには、公園の水や神社の水を探しましょう。それもない場合は、コンビニや自動販売機でもいいでしょう。口や皮膚からも呼吸して取り入れているので、あとは行った先の大地のエネルギーをたくさん吸収する意識を持っていれば大丈夫です。

Q 行き先が吉方の境のライン上にあっても大丈夫？

A 方位のエネルギーは線できっちり区切られているわけではありませんが、線上または線際の両側は氣が混じり合っている場所なので、はっきり吉が出るとは限りません。線ギリギリよりも、確実に範囲に入っている場所をおすすめします。

Q 会社が凶方位にある日はどうしたらいいでしょう？

A 朝、仕事前に吉方取りができればいいのですが、時間がない人は、休みの日に吉方取りをして吉のエネルギーの貯金をしておきましょう。57ページの「五大凶方の心構え」も参考にしてください。謙虚にほかのために働く姿勢があれば、日盤ではそんなに気にする必要はありません。

Q 吉方取りはどれくらいの頻度でやったらよいのでしょう？

A 効果を確実に実感したい方は、1週間に4日以上、最低2㎞以上離れた吉方位に行くことをおすすめします。ですが、苦痛になっては本末転倒。行けるときに行けばいいものです。どうしても吉方取りができないという方は、それを補うべく、Step4の開運アイテムを取り入れてみてください。

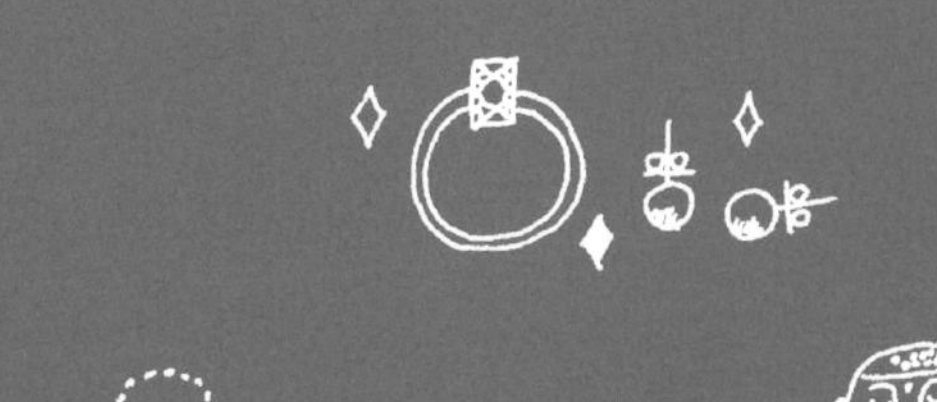

Step ④

最大吉方で
わかる
あなたの開運アイテム

吉方取りになかなか行けない人、吉方取りもしつつさらに運氣アップしたい人は、最大吉方から割り出した開運アイテムを利用しましょう。足りないエネルギーを補ってくれます。

注：「五黄土星」は、方位でみるときに五黄殺という凶方で消してしまうため、だれも最大吉方としては使いません。そのため、この章には五黄土星はありません。

最大吉方が一白水星（いっぱくすいせい）の人

あなたは「苦労するのが嫌いな人」
開運アイテムで、人間関係を大切にし
信頼を築いていきましょう

最大吉方が一白水星の人は、めんどうくさがり屋で、努力や我慢が苦手。苦労を避けて、楽なほうへ楽なほうへと流れていきたがります。

でも、若いうちに苦労は買ってでもしておいたほうが、晩年の豊かさにつながります。

また、きっちり計画を立てて順序よく物事を進めていくよりは、感覚的にその時々の気分で動くことが少なくありません。当然行きあたりばったりの対応が多くなるので、結果として失敗も多く、後悔することもしばしば。それでも、自分の都合のいいようにとらえて前向きに処理するので、ひどく落ちこむこともありません。

しかし、周囲の人は、そんなあなたの自分勝手さに振り回されて困ることもあるでしょう。人間関係を大切に、密に信頼を築いていくことが開運のカギです。人とつながっていくことを恐れず、人を拒まないよう心がけていきましょう。

幸せへの近道3カ条

1 コミュニケーションを大切に
2 できるだけ苦労から逃げない
3 信頼関係を大切に縁を広げて

開運テイスト	開運プレイス	開運ナンバー	開運カラー
塩味	海	1・6	白・黒
開運シンボル	**開運ストーン**	**開運プランツ**	**開運アニマル**
三日月	ムーンストーン	梅	ハムスター

開運キーワード

水 key word 1

一白水星は「水」の性質を持っています。水は、液体から固体にも気体にも自在に変化します。水からできるもの、水のように流れるもの、水のある場所、水に関するもの、すべてが開運のキーワード。

雨、雪、霜、霧、氷、雲、海、湖、川、入浴、温泉、水泳、水槽、洗濯、魚釣り、水草、魚、お風呂場、銭湯、海水浴場、プール、水族館、水田、バー、お酒、味噌汁、スープ、ドリンク剤、塩、水あめ、キャンディ、かき氷、魚料理

白と黒 key word 2

一白水星の季節は真冬、時間は真夜中。静寂、暗闇のエネルギーがあり、冬の雪の白、闇の黒ということで、色の白いもの、黒いもの。

闇夜、星、月、瞑想、白黒のチェック、オセロ、ダルメシアン、ピアノの鍵盤、炭、病院、シチュー、グラタン、牛乳、乳製品、豆腐、大根、白菜、白ワイン

穴の開いた形 key word 3

最大吉方が一白水星の人の運がよくなる形は、穴が開いた形。

浮き輪、ボタンホール、針、リング、ブレスレット、ドーナツ、マカロニ、れんこん、ちくわ

忍耐 key word 4

我慢強い一白水星の性質に似た、厳しい冬にじっと耐えて花を咲かせる植物や、土の中で育つ根菜類は吉を呼びます。

椿、梅、桜、藤、蓮華、福寿草、大根、ごぼう、りんご

思慮 key word 5

考えることや書くことが好きな一白水星の性質を取りこみましょう。

ペン、鉛筆、筆、ノート、書道、作家、翻訳、外国語、日記

結ぶ key word 6

人間関係を取り持つところから。

紐、帯、手ぬぐい、ゴム、リボン

最大吉方が

一白水星の人の

開運アイテム

雪の結晶　水が変化した姿であり、また開運カラーの白でもある「雪」。雪だるまやスノードームなど、雪に関するグッズを集めてみましょう。写真は、雪の結晶の形のクッキー型。

キャンディ

「水」あめを主原料としていることから、のどあめ、べっこうあめ、りんごあめ…あめ類はすべて吉。おやつタイムにぜひ。

魚

魚柄の手ぬぐいで作ったブックカバー。ラッコ、タコ、カエル、ホタル、カタツムリなど、水を連想させる生き物はすべて吉。

音符、鍵盤

開運カラーの白と黒。さらに、♪＝おたまじゃくしは水の中で泳ぎ育ちます。見ているだけで楽しくなってくる効果も。

塩

一白水星の開運テイストは塩味。自然の海水から採取した「天然塩」なら、エネルギーをたっぷり取りこめます。

針、裁縫道具

「穴の開いている」針に象徴される裁縫道具や裁縫仕事は吉。携帯用ソーイングセットを持ったり、小物を手作りするのもおすすめ。

パール

真珠は、異物を入れられ苦しんだアコヤ貝の涙と唾液からできるとか。苦労を超えて美しいものを生みだす一白水星の質そのもの。

梅酒

寒い冬の間中、耐え忍んで美しい花を咲かせる梅。「水」が決め手のお酒も開運アイテムなので、晩酌するなら梅酒がベスト。

ドーナツ

甘いものがほしくなったら、「穴の開いた形」の代表であるドーナツを。ちなみに穴がないアンドーナツは二黒土星です。

開運ネイル

一白水星の開運カラー＝白と黒の２色使い。白×黒には「癒し」「浄化」の意味もあります。イルカや海の絵柄もおすすめ。

白と黒

白だけ、黒だけでなく、両方を対で持っていると、ラッキーも倍やってくる！？

最大吉方が二黒土星(じこくどせい)の人

あなたは「我慢が苦手で男勝り」
開運アイテムで
忍耐力と女性らしさを取りこみましょう

最大吉方が二黒土星の人は、男勝りで活動的。さばさばした性格で、ともすると女であることを忘れがちな人です。本当は女性らしくて、面倒見がよく、思いやりにあふれているのに、それがうまく伝わっていない可能性があります。いつものパンツルックではなく、たまには、女性らしいフワっとした色合いやフリルのついたかわいい洋服なども着てみるとよいでしょう。

また、非常にこだわりを持っていて頑固な面もあります。意思を通すのも大切ですが、もう少し相手の意見を聞き入れて柔軟な対応ができれば、発展的に成果も大きくなるでしょう。

時間に追われるあまり、生活のリズムが崩れがちな人でもあります。ゆとりのあるペース配分で、ゆったりと心の余裕が保てる生活を心がけましょう。毎日継続してできることを見つけて、コツコツ続けることも運氣アップにつながります。

幸せへの近道3カ条

1 心にゆとりのある生活
2 女性らしいやわらかい雰囲気作り
3 思いやりの心を大切に

開運カラー	開運ナンバー	開運プレイス	開運テイスト
こげ茶・黄色 ベージュ	5・0	ゴルフ場	甘味

開運アニマル	開運プランツ	開運ストーン	開運シンボル
ひつじ	コケ玉	スモーキー クォーツ	☯ タオ

開運
キーワード

母性 key word 1

二黒土星の持ち合わせる性質、女性らしさ、温かい母性（育てる、はぐくむ）を感じさせるもの。

女性、母、妻、主婦、姑、皇太子妃、姫、エプロン、台所、キッチン用品、ガーデニング、赤ちゃん、ペット

数がたくさん key word 2

１カ所に品数がたくさんあって誰が行っても欲しいものがあるところ、安いもの、小さい粒粒がたくさん集まっているもの。

スーパーマーケット、コンビニ、100円ショップ、バーゲン会場、セール品、エコバッグ、スーパーの袋、おでん、かまぼこ、はんぺん、鍋物、豆類、枝豆、とうもろこし、米、穀類、雑穀、麦チョコ、ポップコーン

和菓子 key word 3

和菓子の中でも、特にあんこを使った食べ物やスイーツが開運フード。

お汁粉、お餅、みつ豆、あんみつ、だんご、おはぎ、煮豆、黒砂糖

大地 key word 4

大地のエネルギーがたくさん吸収できる場所が吉。この「大地」の安定感から、ラッキーな形は「平たいもの」「四角いもの」。

じゅうたん、畳、ふとん、座布団、タイル、お盆、レンガ、将棋盤、まな板、野原、公園、野球場、サッカー場、グラウンド、田畑、芝生

貯える key word 5

二黒土星の人は貯えること、収納することが上手。

収納庫、たんす、クローゼット、貯金箱

古い key word 6

二黒土星は「古い」エネルギーを持っています。

リサイクルショップ、古着屋、安値の骨董品、古民家、お年寄り（特に女性）

最大吉方が

二黒土星の人の

開運アイテム

あんみつ　デザートをいただくなら、あんこ系の和スイーツがおすすめ。器やスプーンにも凝ってひと手間かけ、黒みつをかければ、さらにラッキー。やさしい甘さに心もほんのり癒されます。

タイルの鍋敷き

タイルそのものも四角で平ら、鍋敷きも四角で平ら。四角いタイルの鍋敷きはダブル開運アイテムです。

ウール

ひつじは二黒土星の開運アニマル。ウールの毛糸玉、セーター、マフラー、ひざ掛けなどで心もほっこり。

エプロン

お母さん、女性らしさのイメージから。開運カラーのベージュで、かつポケットのステッチが粒粒にも見えて◎

おさるのジョージ

ひつじと並んでサルも吉。開運カラーのイエローと、開運アニマルのサルの両方を兼ね備えたジョージ。小物や絵本をそろえてみては？

金平糖

「大地」を耕して得られる米、麦、豆などから、たくさんの小さな「粒粒」が吉。ポップコーン、麦チョコ、卵ぼーろなども。

和菓子

上生菓子、おだんご、豆大福の本物そっくりのチャーム。和菓子を実際食べて、かつ身につければ二重にラッキーが。

ガーデングッズ

「手をかけて育てる」経験を積むことで、エネルギーを取り入れたい。お花や野菜のガーデニングに挑戦してみては。

コケ玉

グリーンの中では、芝生やコケのように低く土の上に広がる緑が吉。部屋に植物を置くなら、ちょっと渋いけどコケ玉を。

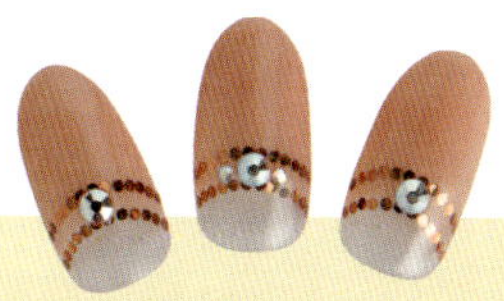

開運ネイル

女性らしさを取り入れたいあなたには、シックでエレガントなデザインを。細かなビーズをたくさんあしらうと吉もより増えるかも。

エコバッグ

誰もが足を運ぶ便利なスーパーマーケットは、二黒土星の開運プレイス。エコバッグを持って、いざお買い物！

最大吉方が三碧木星（さんぺきもくせい）の人

あなたは「慎重派で臆病な人」
開運アイテムで
チャレンジ精神を養いましょう

最大吉方が三碧木星の人は、真面目で慎重、石橋を叩きすぎて壊してしまうタイプです。頭で考えるより行動に移してみると、案外簡単だったりします。一歩踏み出す勇気、チャレンジする勇気を持ちましょう。

また、考え方がネガティブになりやすい傾向もあります。心配性で取り越し苦労の多い人。まだ起きてもいないことにエネルギーを注いでしまうところがあります。とらわれすぎず、プラス思考で、柔軟に発想の転換をしていくことができれば、楽になるでしょう。

表現下手で、言葉によるトラブルも多く、言わなくていいことを言ってしまったり、思ったことを素直に言えない人も見受けられます。絵、ダンス、歌、作曲、詩など何でもいいので、自分を表現することを練習していくといいでしょう。趣味や習い事など、つねに新しいものに挑戦していく姿勢も開運につながります。

幸せへの近道3カ条

1 すべては必然！ 楽観的に
2 チャレンジする勇気を持って
3 得意な分野で自己表現を

開運カラー	開運ナンバー	開運プレイス	開運テイスト
水色・紺色 青	3・8	カラオケ店	酸味

開運アニマル	開運プランツ	開運ストーン	開運シンボル
うさぎ	盆栽	ターコイズ	♪ 音符

音 key word 1

三碧木星は「音」を担当。声に関することや音が出るものを意識しましょう。

楽器全般、鈴、太鼓、CD、うぐいすやひばりなどさえずる鳥、秋の虫の声（鈴虫など）、鳴き声、花火、チャイム、アナウンサー、コメディアン、歌手、司会者、講演者、ラジオ、テレビ

娯楽 key word 2

楽しい気分になるテーブルゲームは吉。ゲームをするのも、モチーフとして取りこむのもOK。

かるた、花札、オセロ、将棋、UNO、テレビゲーム、Wii、ダーツ、人生ゲーム、マージャン、トランプ

酸っぱいもの key word 3

いちばんの開運フードは酸っぱいもの。日々の食事に取り入れましょう。

酢のもの、みかん、グレープフルーツ、オレンジ、レモン、梅干

若葉 key word 4

三碧木星は新緑の季節を担当。若葉を使ったお茶や若芽の野菜も吉です。

青汁、緑茶、ハーブティー、かいわれ大根、スプラウト、たらの芽、もやし、発芽玄米、グリーンサラダ

賑わう key word 5

賑やかな場所と繁華街は運が開ける場所。

ボーリング場、パチンコ店、カラオケ店、ゲームセンター、コンサート会場、ライブ、お祭り、イベント

驚かせる key word 6

三碧木星はサプライズさせることが得意です。

くしゃみ、しゃっくり、雷、稲妻、地震、噴火、花火、手品、サプライズパーティー

最大吉方が

三碧木星の人の
開運アイテム

バイオリン

美しい「音」が出るものの代表といえば、楽器。ほかにピアノやトランペットなども、モチーフとしてかわいいですね。開運カラーのブルーならなおよし。演奏できなくてもアイテムを身につけてみましょう。

おひなさま

三碧木星の担当月・3月の行事といえば、ひなまつり。ひなあられサイズのプチおひなさまなら、置く場所を選びません。

ハーブティー

カモミールティー、ミントティーなど、香りの強いお茶がおすすめ。いただくときは、ゆっくり香りを楽しんで。

花火

はじけて「音」がする花火は開運アイテム。童心に返って自宅で手持ちを楽しむもよし、花火大会に出かけるもよし。

鈴

最近はあまり見かけなくなりましたが、意外とデザインがかわいいものが多い鈴。お財布などにつけて、毎日、「音」を感じて。

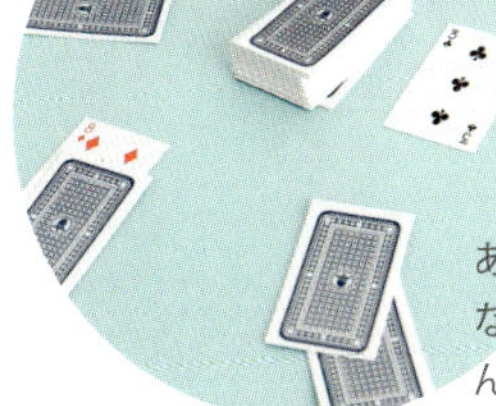

トランプ

あなたには「遊び」の部分が足りないのかも。「子どもっぽい」なんて言わずに、単純に楽しんで。トランプモチーフの雑貨も吉。

青い鳥

さえずる鳥＋開運カラーの、青い鳥のペーパーウェイト。部屋の守り神として、いつも見えるところに置いておきましょう。

みつばち

ブンブン「音」を立てて飛んでくるはちのチロリアンテープ。モチーフとしてならこんなにかわいい。はちつながりで蜂蜜も◎

レモン

柑橘系は開運フード。オレンジ、グレープフルーツ、みかん、ゆず、きんかん、すだち、ライムなど、いろいろあります。

開運ネイル

あなたに必要な、無邪気な遊び心をストレートに表現しましょう。思いきってポップなデザイン、茶目っ気たっぷりな絵柄を試してみて。

MP3 プレーヤー

いつも身近に音楽を！　好きな音楽を聴けば聴くほど、エネルギーを取りこむことができます。

最大吉方が 四緑木星（しろくもくせい）の人

あなたは「正直すぎて世渡り下手」
開運アイテムで
協調性と信頼性を身につけましょう

四緑木星が最大吉方の人は、多くの人とのつながりを好まない人が多いでしょう。気心の知れた人と内輪で盛り上がりたいタイプです。あまり欲がなく、小さな世界で満足しやすい人も。頼られるととことん面倒を見てしまい、結局、尻拭いすることになって損してしまうお人好しでもあります。

自分に正直でお世辞が言えないため、世渡りが上手ではありません。また、才能があって個性的で目立ってしまうので、周囲から反感を買うこともあるかもしれません。謙虚に控えめに周囲とのバランスを大切にすることで、信頼は高まり、人も多く集まってくるでしょう。依存しやすい面もあるので、自信と責任感を持ちましょう。

影響力があるので、人格を磨いていく自己成長の学びを忘れないことも大切です。多くの人を育てたり、会社を経営できる器のある人ですから、信頼を得ていけば大成するでしょう。

幸せへの近道3カ条

1 自分らしくあるがままに

2 好き嫌いをなくして社交的に

3 自己成長を忘れずに

開運テイスト	開運プレイス	開運ナンバー	開運カラー
酸味	空港	3・8	緑・黄緑 深緑

開運シンボル	開運ストーン	開運プランツ	開運アニマル
クローバー	アベンチュリン	バラ	白鳥

開運キーワード

風に乗って飛ぶもの　key word 1

風に乗って飛ぶものが吉を呼びます。ふわふわと飛ぶもの、海の向こうまで思いをはせることができる、遠くまで飛んでいくもの、風を送るものなど。

風船、シャボン玉、けむり、風、凧、気球、流行、羽根、扇風機、手紙、扇子、うちわ、飛行機、つばめなどの渡り鳥、蝶々・トンボ・かげろうなど飛ぶ昆虫

香り　key word 2

あらゆる「香り」が開運のカギ。香りは「風に乗って運ばれてくるもの」の一つです。

香水、香料、お香、線香、アロマ、エッセンシャルオイル、ポプリ、バラ・ユリなどの香りの強い花、にんにく・玉ねぎ・ニラなど匂いの強い野菜、香草（しそ、ハーブなど）

長い　key word 3

「長い」ほうが運勢がよく、気が長い、髪が長い、背が高いなど、ラッキーな形は長いもの。

うどん、そば、パスタ、ラーメン、春雨などの麺類全般、うなぎ・へび・きりんなど体の長い生き物

整える　key word 4

四緑木星の方位には、整えるエネルギーがあります。最大吉方が四緑木星の人は片付けが大切。

整理整頓、掃除、収納ボックス、引き出し、祭事、縁談、商談

繊維質　key word 5

繊維質の多い食べ物すべて。

ごぼう、ふき、きのこ類

旅行　key word 6

「遠方」のエネルギーから、できるだけ遠くへ行くのがよいでしょう。

飛行機、電車、船、旅行バッグ、リュックサック、運動靴、エアメール、外国語

最大吉方が
四緑木星の人の
開運アイテム

バラ　甘い香りのバラは開運フラワー。自分のために買うお花は、香りが強めのバラやユリなどを選ぶといいでしょう。

飛行機

遠くに飛んでいく飛行機は開運グッズ。実際に乗って旅に出るもよし、オブジェを飾ったりアクセサリーをつけても。

観葉植物

開運カラーはグリーン。本物のグリーンに囲まれれば、穏やかに運気アップしていくこと間違いなし。

蝶々

風に乗って飛ぶ蝶々をイメージするだけでも、穏やかな気分になります。蝶々モチーフは豊富。お気に入りを見つけて。

つばめ

大空を飛ぶ鳥全般が吉ですが、特に長い距離を飛ぶつばめや白鳥などの渡り鳥はGOOD。遠方の友人へ、つばめの一筆箋を。

エンジェル

お守り代わりにエンジェルブローチを、迷ったときはエンジェルカードを。いつもあなたのそばに飛んできてくれます。

香水

香りといえば、香水。日頃から香りを身にまとっていれば、必要な縁が引き寄せられてくるかも。

エアメール

「外国」「遠く」「飛んでいくもの」のエネルギーを積極的に取りこみたい。外国の友人には、Eメールでなくエアメールを。

パスタ

「長い」形をした食べ物、麺類は開運フードです。ラーメン、そば、うどんなど、ランチに迷ったら麺類がおすすめ。

開運ネイル

春風のようなやわらかな色味に、恋愛運アップのリボンを添えて。パステル色やフリル模様など、優しい雰囲気がおすすめです。

ポプリ

香水が苦手な方は、ポプリを置いたり、お香を焚いて香りを楽しんで。アロマテラピーで癒されるのもおすすめ。

最大吉方が六白金星の人

あなたは「なるべく責任から逃れたい人」
開運アイテムで
自分に自信を持ちましょう

六白金星が最大吉方の人は、自分に自信がない人が多いでしょう。リーダー的資質があるので、人前に出たり、皆を引っぱっていく立場を求められますが、「私には無理」と断ってしまうことが多いようです。

「自信＝自分を信じる力」です。自分のことを信じられなければ、他人に信じてはもらえません。自分で自分を信じてあげましょう。責任をともなう立場から逃げてはいけません。あなたならできるはずです。

個性的で魅力のある人が多く、つねに社会の何かと闘っているかもしれません。ナンバーワンになることよりもオンリーワンのあなたらしさを大切にしていきましょう。

小さな世界で満足せず、もっと周囲に目を向けて、社会に対して何ができるかを意識しましょう。生きがいに通じる何かが見つかるはずです。

幸せへの近道3カ条

1 自信を持って！
2 責任のある立場を引き受ける
3 社会貢献を意識

開運テイスト	開運プレイス	開運ナンバー	開運カラー
辛味	神社	4・9	ゴールド・白 シルバー
開運シンボル	**開運ストーン**	**開運プランツ**	**開運アニマル**
✡ 六芒星（ろくぼうせい）	ルチル クォーツ	コスモス	犬

開運キーワード

本物志向 key word 1

六白金星はプライドが高く、高貴な性質を持っています。この「本物」の持つエネルギーが幸せを呼びます。本物志向でいきましょう。

セレブ、高級、上品、お城、御殿、高級地、名所旧跡、山の手、一等地、ブランドもの、高級和菓子、高級パン

宝石 key word 2

高価な宝石、アクセサリーは、何より六白金星の性質を取り入れられるアイテム。ちょっと高いかなと思うぐらいのものを選んで、身につけて。

金、銀、プラチナ、真珠、サンゴ、瑠璃、めのう、ダイアモンド、サファイア、ルビー、琥珀、ガーネット、ペリドット

神仏 key word 3

神仏に関する建物に積極的に出かけましょう。

神社、お寺、城跡、遺跡、仏像、マリア像、大天使、教会

精密な完成品 key word 4

六白金星の完璧主義な質から、緻密で完成度の高い精密機械。本物志向のものならなおよし。

時計、パソコン、電気製品、デジタルテレビ、DVD プレーヤー、
自動車、自転車、歯車
（回転するもの）

巻いてあるもの 包んであるもの key word 5

形として「ぐるぐる巻いてある」もの。「包む」エネルギーは六白金星ならでは。

ロールケーキ、のり巻き、春巻、ロールキャベツ、衣で包んである天ぷら、とんかつ、いなりずし、卵で包むオムレツ、オムライス、ぎょうざ、シュウマイ、パイ、ラッピング、風呂敷

開けた場所 key word 6

社交的な六白金星にふさわしい、広くて人が集まる場所は開運プレイス。コンサート、スポーツ観戦など、意識して出かけてみましょう。

運動場、サッカー場、競技場、競馬場、競輪場、ドーム、博物館、大都会、繁華街、集会所、会議場、映画館

最大吉方が
六白金星の人の
開運アイテム

ティアラ　磨けば光る原石のような、気品と聡明さ、生まれながらのゴージャスな雰囲気を持ち合わせている六白金星。お姫様のような美しいティアラをつければ、あなたのゴージャス感も運気もともにアップ。

風呂敷

「包む」エネルギーを持つ風呂敷は、工夫次第で大活躍します。エコバック代わりにいつもバックに入れて。

ジュエリー

中味が硬くてしっかりしている石、ダイアモンド。ジュエリーもイミテーションではなく、小さくても本物を持ちましょう。

時計

見た目にも上品でゴージャスな時計やアクセサリー。少し背伸びしていると感じるくらいを身につけて。

高級バッグ

誰もが憧れるケリーバッグなど、高級品、本物のブランドものはラッキーを呼びこみます。セレブな気分を楽しみましょう。

犬

犬を飼ってもよし、犬のぬいぐるみを飾ってもよし。犬は、ライオンとともに、六白金星の開運アニマル。

龍

神仏のエネルギー、天上界の生き物、神社の象徴でもある龍は、力を与えてくれます。ほかに、天狗と錦鯉も吉。

ロールケーキ

デザートやお土産に、開運スイーツの「巻いてある」ロールケーキを。高級感があればなおよし。

金箔

「本物」のエネルギーを取りこみたいから、本物のゴールドを。デザートや料理に金箔をひとかけら乗せるだけでもOK。

開運ネイル

控えめなデザインよりも、思い切ってゴージャスに。ゴールドやシルバーを用いたり、エレガントな大人の雰囲気もおすすめです。

パソコン

精密機械の代表選手のパソコン。パソコンを使うことで、いろいろな世界が広がっていくでしょう。

最大吉方が七赤金星（しちせききんせい）の人

あなたは「与え上手で受け取り下手」
開運アイテムで
人生の喜びを受け取りましょう

最大吉方が七赤金星の人は、人に与えるのは上手なのに、自分が受け取ることは苦手です。相手が何かしてくれようとしても、「悪いからいいわ」と遠慮してしまいがち。そんなときは、素直に喜んで受け取りましょう。好意を受け取ることは、相手を生かすことにもなります。受け取ることが、お互いの発展的な関係につながるわけです。

またネガティブで、いったん落ちこむとどこまでも自分を落としてしまうので、気持ちの切り替えが大切です。基本的には楽しいことが大好きな人。パーティーやイベントを企画して人を楽しませることができれば、さらに運氣アップが望めます。

お金の管理が苦手な人も多いでしょう。お金は水もの。入ってきてはすぐに出て行ってしまいます。計画立てて使っていきましょう。節約は無理なので、使いたかったら収入を増やす努力をすることです。

幸せへの近道3カ条

1 受け取り上手になる
2 ポジティブシンキングで
3 人を喜ばせましょう

開運テイスト	開運プレイス	開運ナンバー	開運カラー
辛味	カフェ	4・9	オレンジ ピンク

開運シンボル	開運ストーン	開運プランツ	開運アニマル
♥ ハート	ピンクトルマリン	コスモス	ひよこ

女の子 key word 4

誰にでも愛される「幼い少女」「かわいらしい女性」というエネルギーを持っている七赤金星は、いくつになっても若々しくて年齢不詳。女の子の写真、かわいい人形などを身近に置くのも吉。

天使グッズ、妖精、フランス人形、舞妓

お金 key word 5

お金にまつわる全般は七赤金星の担当。お金の勉強をしたり、ビジネスとして関わると、お金はついてくるでしょう。

現金、小銭、キャッシュカード、銀行、ATM、通帳、家計簿、ネットワークビジネス、資産運用、金融

辛いもの・鶏料理 key word 6

香辛料を使った料理、鶏肉や卵料理が開運フード。

唐辛子を使った料理、キムチ、韓国料理、ペペロンチーノ、カレー、唐揚げ、親子丼、チキンスープ、卵焼き

喫茶・飲食 key word 1

七赤金星は体の中で「口」を担当。食べたり、料理をしたり、飲食に関することはすべて吉です。

レストラン、ファーストフード、居酒屋、カフェ、甘味屋、バー、クラブ、コーヒー・紅茶・ジュース・お酒など喫茶・飲食に関する全般、お茶会、茶話会、合コン、飲み会

説く key word 2

七赤金星には説く力（解説、説明、説得する力）があります。話す機会があれば、ぜひ参加してみましょう。

演説、司会、セミナー講師、コーチング、カウンセリング

歯 key word 3

「口」の中の歯に関するすべてが開運につながります。歯の治療、矯正、クリーニングやホワイトニングなどで、歯を大切にしましょう。虫歯をつくってしまうと経済的な困難を招きます。「白い歯」が運氣アップのカギ。

最大吉方が

七赤金星の人の

開運アイテム

ジンジャー　辛味スパイスのしょうがは開運フードの一つ。人型がかわいいジンジャークッキーは、欧米では代表的なクリスマスのお菓子です。しょうがには、健康効果もたくさん。しょうがドリンクで体の中から温まるのもおすすめ。

歯ブラシ

歯のケアやケアグッズは吉。歯ブラシ、歯ブラシケース、歯間ブラシなどにこだわったり、デンタルチェックも怠りなく。

シャンパン

お酒全般は吉。中でも祝宴好きな七赤金星らしいシャンパンで、ハッピーな気持ちを取りこんで。

パーティーグッズ

バースディ、クリスマス、記念日には、家族や友人と集まってパーティーを。パーティーを盛り上げるグッズも開運のカギ。

ひよこ

開運アニマルは鶏やひよこ。たまご柄も吉です。玉子丼、親子丼などの卵料理、鶏料理もおすすめ。

唐辛子

キムチ、豆板醤など、辛味のきいた唐辛子料理はおすすめ。唐辛子モチーフは厄除けにもなります。写真は箸置き。

少女の人形

ペコちゃんのようなかわいい少女の人形は福を呼びます。部屋に飾ったり、携帯ストラップをつけても。

コーヒー

喫茶店といえばコーヒー。ふくよかな味と香りを堪能しつつ、読書やおしゃべりで、カフェでの時間を楽しみましょう。

スパイス

香辛料、刺激のある食べ物全般が吉。ガーリック、ジンジャー、ペッパー…スパイスをいろいろそろえて、料理にも挑戦して。

開運ネイル

七赤金星の開運カラー＝オレンジやピンクベースがおすすめ。大人っぽさの中にのぞく、甘さ、かわいらしさを意識しましょう。

がま口

「現金」「小銭」のエネルギーを持つがま口。財布、小銭入れ、通帳ケースなど、お金にまつわる小物にもこだわって。

最大吉方が八白土星（はっぱくどせい）の人

あなたは「自尊心が低い人」
開運アイテムで
夢や生きがいを見つけましょう

最大吉方が八白土星の人は、自己評価が低く、自分を安売りしてしまう傾向があります。何でも「いいわよ、いいわよ」と請け負って、身を粉にして尽くしたのに見返りはゼロということも。もっと自分を大切にしましょう。命を削って働いているわけですから、それに見合った報酬は請求してください。自分を卑下することなく、自尊心を高く持ってください。

また、人生に対する夢や目標があまりなく、現状で満足している人が多いのも特徴です。自分のためには動けませんが、好きな人のため、家族のためなら底力を発揮できる人です。家族やまわりの人のためでもいいので、ぜひ人生の夢や目標を持ってください。長期の目標と、1年後、3年後の身近な目標の両方があれば頑張れるはず。山を登るように一歩ずつ前進していけば、必ず頂上に到達します。あきらめないで、大きな山を目指しましょう。

幸せへの近道3カ条

1 自分を安売りをしない
2 人生の夢や目標を持つ
3 家族を大切に

開運テイスト	開運プレイス	開運ナンバー	開運カラー
甘味	山	5・0	茶色・黄色 ベージュ

開運シンボル	開運ストーン	開運プランツ	開運アニマル
雲	タイガーアイ	幸福の木	牛

開運キーワード

家族 key word 1

八白土星は「家族」「連結」のエネルギーを持っています。八白土星が最大吉方の人は、家族の集まるところ、親戚縁者が集まる機会、家や家族にまつわることは開運につながるでしょう。

家族、親戚、遺産相続、家、改築リフォーム、旅館

積み重ね・つぎはぎ key word 2

八白土星の「多様性」のある性質から、層になったもの、高く積み重なったもの、つなぎ目のあるもの、骨のあるもの、節のあるものは開運アイテムです。

ジェンガ、積み木、階段、石段、パッチワーク、つぎはぎ、アップリケ、バームクーヘン、アップルパイ、ミルフィーユ、つくし、たけのこ、屏風、竹、笹、折りたたみ傘

山型 key word 3

幸運を取りこめる形は、とがった山型。ピラミッドのオブジェを飾るなど、山型を意識しましょう。高いところに登るのもおすすめ。

山小屋、山、登山、屋根、ピラミッド、展望台、屋上、天守閣、高台、じゃがいも、さつまいも、長いも、山いも

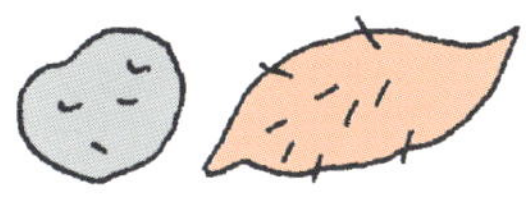

再生 key word 4

八白土星は、再生、復活、よみがえり、再出発、転換、出直しといった、根気強い、くじけることなく立ち上がるエネルギーを持っています。

リサイクルショップ、リフォーム、起き上がりこぼし、だるま

建築 key word 5

八白土星は建物に縁があり、設計、デザインを含め、建築に携わるのもおすすめ。実際に建築物を見に行くのもいいでしょう。

家、改築リフォーム、旅館、ホテル、伝統的な建造物

最大吉方が
八白土星の人の
開運アイテム

ジェンガ　くずさないように高く積み重ねて遊ぶジェンガや、積み木はまさに開運アイテム。大人でも十分楽しめます。パーティーなどでぜひ取り入れましょう。部屋のオブジェとして飾っても雰囲気があります。

パッチワーク

つぎはぎ、つなぎ目、重ねて縫っていくパッチワーク。作品をそろえるのもいいですが、自分で作ってみるのもおすすめ！

たけのこ

皮を「重ねて」育つたけのこ。炊きこみご飯や筑前煮もいいですが、「たけのこの里」ならいつでも気軽に食べられます。

だるま

だるまは、八白土星のどんなことにも負けない性質を表すアイテム。あなたに勇気を与えてくれるでしょう。

ミニバンブー

身近に置きたい植物は「節」のある竹。ミニバンブーをはじめ、竹炭、竹のお箸、小物入れなどのバンブーグッズも吉。

バームクーヘン

何層も何層も「重ねて」作るバームクーヘンは開運スイーツ。同じ理由でミルフィーユも。ぜひ、おやつにどうぞ。

くま

「山」にすむ動物、くまも開運アニマルです。くまグッズはたくさんあるので、お気に入りを探してみて。

ヒョウ柄

トラ、ヒョウ、牛は幸せを呼び寄せてくれる動物たち。ヒョウ柄、トラ柄、牛柄の洋服や小物類を身につけてみて。

ピラミッド

「山型」で「とんがっている」天然石のピラミッドで、エネルギーを充電。左から、ラピスラズリ、水晶、タイガーアイ。

開運ネイル

新しいことにチャレンジしたいときは、ストライプ、ギザギザ、ゴールドやシルバーをポイントにした大胆なデザインがいいでしょう。

折りたたみ傘

骨があって、節のある折りたたみ傘で「つなぎ目」のエネルギーを取り入れたい。

最大吉方が九紫火星（きゅうしかせい）の人

あなたは「理想が高すぎる人」
開運アイテムで
今のあなたに自信を持ちましょう

最大吉方が九紫火星の人は、理想主義者。頭で難しく考え、一つのことにとらわれてしまう傾向があります。

また手放すのが苦手で、いらないものでもあると安心します。整理整頓はもちろん、いらない考えを頭の中にいっぱい詰めこんでいたり、離れたいのに離れられない人間関係など、必要のないものは捨てていきましょう。手放すのには勇気が入りますが、本当に必要なものがきたときに、スペースがないとチャンスを逃してしまいます。

また人前に出たり、目立つ立場になることが苦手な人も多いでしょう。カリスマ性があって魅力的なあなた。自己評価は低いかもしれませんが、あなたの魅力も実力も周囲はきちんと認めています。あとはあなたが自信を持ってその責任を受けていくだけ。はじめから完璧を求めすぎず、経験を積み重ねて徐々に完成させていけばいいのです。まずは一歩踏み出してみましょう。

幸せへの近道3カ条

1. 必要のないものは手放す
2. 人前に出ることを恐れない
3. 完璧を求めすぎず、まず一歩

開運カラー	開運ナンバー	開運プレイス	開運テイスト
赤・紫	2・7	映画館	苦味

開運アニマル	開運プランツ	開運ストーン	開運シンボル
馬	ラベンダー	アメジスト	☆ 星

開運キーワード

美 key word 1

美しいものをこよなく愛する九紫火星。もともと美意識が高くおしゃれです。この「美」のエネルギーを取り入れるため、美しいもの、華やかなものを見たり、聞いたり、身につけたりしましょう。

キラキラ key word 2

キラキラ光るものは吉。高価でなくていいので、ゴージャスで派手なものを身につけましょう。

ヘアアクセサリー、ブレスレット、ピアス、イヤリング、装飾品、サンキャッチャー、ラメ入りグッズ、スワロフスキー

知的 key word 3

美意識だけでなく、知的エネルギーも高いのが九紫火星。ちょっと難しい勉強や資格試験に挑戦するのも幸運を呼びます。頭を使うことにどんどんチャレンジして。

図書館、大学、研究所、試験場、学校、参考書、辞書、百科事典、雑誌、原稿、重要書類、免状、認定書、文房具、地図、洋書、書店、地球儀

神仏 key word 4

祈り、敬う、尊敬する、感謝する気持ちを持ちましょう。神社仏閣、仏像めぐりなどへ定期的に出かけてみてはいかがでしょうか。

神社仏閣、仏像、鳥居、拝殿、三重塔、五重塔、歴史的建造物、展示会

尊敬 key word 5

尊敬できる人を身近に持つことが大切。知り合いでも、歴史上の人物でもＯＫ。自分も、人に尊敬されるような生き方ができたら最高です。

偉人伝、聖書、自己啓発本

注目 key word 6

人前に出る仕事は運氣アップになります。あなたには人目を引く魅力があります。自信を持って！

モデル、女優、タレント、社長、リーダー

最大吉方が

九紫火星の人の開運アイテム

キラキラデコシール

華やかで美的センスにあふれる九紫火星のキーワードは「キラキラ」。手っ取り早く身近にキラキラを置くのなら、携帯デコシールがおすすめです。開運カラーの赤や紫を取り入れて、思いきって派手に華やかに！

地球儀

「少し離れたところから客観的にものを見る」意味で、プラネタリウムや地球儀など、地球や宇宙に関連するものは吉。

眼鏡

知的な九紫火星には眼鏡がぴったり。実用的にはもちろん、おしゃれアイテムとして個性的なデザインも。

化粧品

きちんとお化粧をすることは、九紫火星のエネルギー。ラメ入りや、開運カラーをポイントにして。

輝くオブジェ

部屋に飾るオブジェも、ゴールドや天然石など華やかで輝くものが吉。ヒールの高い「キラキラ」が九紫火星らしい。

ひまわり

九紫火星のラッキーシーズンである「夏」の象徴、大胆で明るいひまわりは、あなたにとって幸せの花です。

洋書

知性を身につけるのもおすすめ。語学学習などにぜひチャレンジして。とりあえず身の回りに置いておくだけでも◎

パーティーグッズ

パーティーには、ひときわゴージャスで華やかな着こなしで。ポイントに「キラキラ」を持ってくるのもお忘れなく。

ビターチョコ

苦味が九紫火星の開運テイストだから、チョコレートを選ぶなら大人の味のビターチョコを。

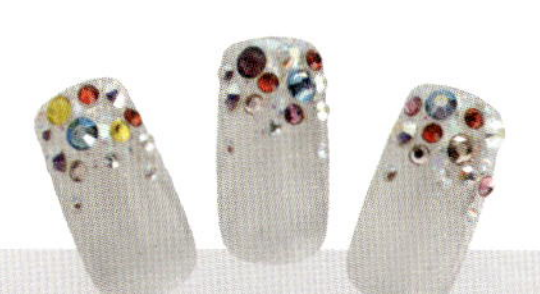

開運ネイル

あなたに必要な「華やか」「派手」「キラキラ」がポイント。紫や赤をベースにしたデザイン、ラメ使いもおすすめです。

お守り、おみくじ

神社仏閣やパワースポットめぐりで運氣アップを。おみくじ、お守り、仏像などは開運アイテム。

氣学の幸せ 体験談②

30歳ではじめて彼氏ができました！

私は、生まれて30年間、男の人とお付き合いしたことがありませんでした。そんなときに氣学を知り、「彼氏ができたらいいな」と思いながら、日盤吉方をコツコツと取ることから始めてみました。

2カ月がたった頃、友人に誘われて飲み会へ行きました。こういう場に行って盛り上がっても、特に後がつながらないので、期待はしていませんでした。でもこの日は、「いいな」と思った人に声をかけられたのです。そして最初のデートで告白されて、お付き合いすることになりました！　すべて氣学のお陰だと思います。（Tさん）

吉方取りに遠出したらすぐに結果が！

東京でフリーランスで仕事をしているのですが、不況の影響で仕事がぱったりなくなってしまいました。

時間ができたこともあり、何かのきっかけになればと思って、月盤と日盤で最大吉方が重なる日に京都まで吉方を取りに行ってみました。帰ってきたらすぐに、新しい大きな仕事が決まってびっくり！　今はその仕事で頑張っています。（Kさん）

子どもを授かり幸せでいっぱいです

私はもともと婦人科系が弱く、医者からも「子どもはできにくいから期待しないように」と言われていました。夫もそんな私を気遣って「無理しなくていいよ」と言ってくれていました。でも、子どもが好きな私はあきらめきれなかったのです。

そこで、新居に引っ越しをするときに、年盤と月盤を合わせて吉方を取ってみました。すると1年後に妊娠し、何のトラブルもなく出産することができたのです。夢のようだと思いました。氣学の効果を実感したので、これからは日盤吉方や開運アイテムなども試していきたいと思います。（Iさん）

確実に縁が変わり人生の変化を実感

氣学を知った当初、「とにかく日盤吉方を取るといい」とすすめられ、朝出かける前に吉方を取ったり、打ち合わせ場所を吉方位でセッティングしたりしていました。半年ほど続けた頃に恵方参りもすすめられ、朝から恵方の方位へ出かけてみました。そして近くのカフェで仕事をしていると、電話がかかってきたのです。ずっと念願だった仕事が取れた！という電話でした。

今でも日々、氣学を実践し続けていますが、気がつくと本当に縁が変わり、思い描いていた仕事や生活ができるようになってきたと実感しています。ぜひ実践してみることをおすすめします。（Kさん）

Step ⑤

家相で部屋の「氣」を整えて開運する

場の氣を変えることで、居ながらにして運をつかむのが家相。玄関、キッチン、リビングなどのエネルギーや意味合い、氣の流れを整えるポイントをご紹介します。

家全体の氣の出入り口「玄関」

すべての運を左右し
家族全員に影響する
大切な場所

こまめに掃除し マットはゴージャスに

玄関は「龍門（りゅうもん）」とも言われる、「氣」の出入り口。金運、仕事運、健康運すべてにおいて家族全員に影響する大切な場所です。

玄関には、よい氣も悪い氣もどちらも入ってきます。こまめに掃除をして、エネルギーの出入りをよくし、流れを整えましょう。

見えない汚れを取りエネルギーを浄化するには、水拭き掃除がいちばん！ ドアや下駄箱は雑巾がけをし、たたきは水をまいてほうきなどで掃きましょう。自分の手で愛情をこめて拭くことで、「愛のエネルギー」がプラスされて浄化の効果が倍増します。

また玄関マットは、外の悪いものや汚いものをマットの上に置いてから室内に入るという意味を持つ、敷居のようなもの。ちょっとゴージャスなものを敷くといいでしょう。

チャイム、サンキャッチャー、八角鏡などを飾る

ドアを開けると音が鳴るチャイムをつけたり、生花を飾ったりアロマを置いたり、サンキャッチャーを吊るすのもいいでしょう。

音は場の空気を整え、エネルギーを浄化します。生花やアロマでは、自然のエネルギーを取りこむことができます。ガラスやクリスタル製で太陽の光

を反射させるサンキャッチャーは、邪気を払い、よいエネルギーを呼びこんでくれます。

また風水では、八角鏡を玄関に飾るとよいというのは有名な話。

八角鏡の形は遁甲盤と同じで、すべての自然界のエネルギーを納めている形なので、氣を整えて自然のエネルギーを取りこむことができます。鏡にすることで魔除けにもなり、エネルギーを整えて調和させる効果もあります。

盛り塩を置いて場を清める

盛り塩は古くから、厄を払い氣を浄化し、場を清めるために使われてきました。それは海にその力があると信じられていたからです。

盛り塩には食卓塩はNG。自然に近い天然塩を用いましょう。

玄関に置くのが一般的ですが、あなたが清めたいと感じる場所ならどこでもOK。受け皿は普通の小皿でもいいですし、空気穴がついているふた付きのものでもいいでしょう。

塩の量は、置く場所の広さにもよりますが、6畳程度の部屋なら1カ所、大さじ1～2杯ぐらいで。必ずしも円錐状にしなくても大丈夫です。

塩の交換の目安は1～2カ月に1度ですが、あなたがそろそろ……と感じたときが換え時。そう感じるということは、プラスのエネルギーが出なくなってきている証拠です。

使い終わった塩は、自然に帰すという意味で川や海に流すのが理想ですが、近くにない場合は洗面所の水で洗い流しましょう。

女性の部屋にもなじむかわいい盛り塩ケース。

高層階は要注意！「リビング」

皆が集まる憩いの場
自然と愛のエネルギーを
補って

植物などで自然のエネルギーを補う

リビングは大勢の人が集まる場所。エネルギーも集まり、活性化する空間です。

理想的なのは、太陽の光、風、大地の「氣」など、自然のエネルギーが多く入ってくるリビング。マンションなどは高層階になるほど大地から離れているため、自然のエネルギーが不足しやすいので注意が必要です。

理想のリビングに近づけるために、観葉植物や生花など、「生きている」自然のエネルギーを補ってくれるものをたくさん置きましょう。

陽射しがさんさんと差しこむように朝は早めにカーテンを開け、さらにこまめに窓を開けて新鮮な空気を取りこむとよいでしょう。

家族写真や子どもの絵で愛のエネルギーもプラス

自然のエネルギーにプラスして、「愛のエネルギー」に満ちたリビングならさらに理想的。家族の幸せな写真や旅行などの思い出のグッズを飾りましょう。

また、子どもの描いた絵や作品は、非常に純粋で愛のエネルギーが高いので、お持ちの方はリビングに飾るとよいでしょう。

女性に影響大！「キッチン」

影響力が大きいので
清潔で明るく
楽しい場に！

五黄殺のマイナスエネルギー充満に注意！

キッチンは主婦の居場所。女性の体はキッチンの状態に敏感に反応し、共鳴してしまうので、注意が必要です。

キッチンは特に汚れやすく、生ゴミなどで臭いも出やすい場所。氣学では「汚い」「臭い」は五黄殺（57ページ参照）のエネルギーです。その状態にしておくと、家中が五黄殺的要素のマイナスエネルギーで充満してしまいます。こまめに掃除し、臭いにも気をつけましょう。

そのうえで、キッチンを明るく楽しく、いいエネルギーを保てる場所にするために、Ｓｔｅｐ４でわかった開運アイテム、開運カラーを取り入れましょう。あなたのエネルギーを高めてくれます。

おすすめは北枕「寝室」

１日の疲れを
ゆっくり癒し
よいエネルギーを取りこむ場

ずばり北枕が安眠の秘訣

寝室の役割は安眠して1日の疲れを取ること。安眠のためには、枕は北向きがおすすめです。昔から「北枕は死んだ人」と言われますが、これは「安眠してください」という意味。北枕なら短時間でも熟睡できるので、健康運もアップ！　ちなみに南枕は、頭を下げて血を上らせて寝ている状態（北半球は北が上のため）。眠りが浅く、夢ばかり見て体が休まらないのでおすすめしません。

部屋がどの方位にあっても北枕であれば熟睡できますが、入口付近ではやはり落ち着かないので、入口から奥の位置でかつ北枕が理想です。

また、布団などは定期的に干して、自然（太陽）のエネルギーを充電することも忘れないようにしましょう。

元気のみなもと「トイレ」

不浄の場だからこそ
きれいに保って
運氣アップ！

不浄の場だからこそいつもきれいに

トイレはいらないものを捨てる場所で、昔から「不浄の場」と言われてきました。この不浄の場をきれいにすると、「氣」が整い、自分に必要なものとそうでないものの選り分けが正しくできるようになります。

それだけでなく、トイレをきれいにすると、代謝もよくなり、健康運もアップします。元気とは「元の氣」が満たされ整っていること。元気であれば仕事運や人間関係もよくなります。つまり何もかもが整っていくのです！

日頃からこまめに掃除をして清潔に保ち、換気にも気をつけましょう。また臭いも大敵なので、いい香りを絶やさないようにしましょう。

成功者にトイレ掃除を欠かさない人が多いのはよく知られていますね。人が嫌がることを率先して行なうことこそ、人間の究極の生き方。その生き方が人々の共感を呼び、信頼を得て、結果として開運につながっていくのだと思います。

マットやスリッパで悪いエネルギーを区別

不浄の場であるトイレには、昔はのれんをかけて、悪いエネルギーとよいエネルギーの区別をつけていました。

今は、トイレマットやスリッパがその役目を果たしてくれます。トイレマットにマイナスのエネルギーを置いて出ていくことで、部屋のエネルギーとの区別ができます。トイレにはマットを敷き、スリッパもできれば専用のものを置きましょう。

早めの排水でピカピカに「浴室」

陰の氣が強い場所
早めの排水と換気で
プラスのエネルギーを

残り湯の使い回しは運氣を下げる

浴室には陰の氣が強いため、入浴後は早めに排水しましょう。

中には、節約でお風呂の残り湯を洗濯の水として使っている人もいるかもしれませんね。でも、自分の汚れを浄化した水で洗濯するのは、マイナスのエネルギーを吸った服を身につけることになるので、あまり望ましくありません。

また、残り湯をとっておくことで、浴室全体に湿気がこもり、健康にもよくありません。体を壊してしまっては元も子もなし。早めの排水と換気を心がけてください。

清潔でピカピカのお風呂に入れば、健康運もアップします。元気でいられれば、よいご縁が引き寄せられ、金運もアップします。

エネルギーを高めるお風呂の入り方

よいエネルギーに満ちたお風呂で過ごすバスタイムは、1日のたまった老廃物を出し、疲れを取り、自分自身の氣を整える大切な時間です。なるべく自然に近いお塩を湯船に入れ、ぬるめのお湯にゆっくりつかりましょう。

人間の首の後ろの頸椎(けいつい)のあたりに、氣の出入り口、エネルギーゲートがあります。姿勢が悪いと、このエネルギーゲートが開きっぱなしになり、よい氣を呼びこみません。手の平にひとつまみの塩を取ってお湯で溶き、首の後ろをしっかり洗って浄化しましょう。背筋を伸ばすことで、より氣も高まるでしょう。

体内に入った悪いエネルギーを出すのは足の裏なので、足の裏も塩でしっかりこするとよいでしょう。

家相 Q&A

Q 「氣が滞っている」とはどんな状態ですか?

A 寝ても寝ても疲れが取れない、飾ってある花や植物がすぐに枯れてしまう、部屋の中が何となく臭い、家にあまりいたくない、家に帰りたくない……といった状態に心当たりがあったら、家の氣が滞っているのかもしれません。この章に書いてあることを参照して、家の中にエネルギーをたくさん取りこみ、氣を整えてください。

Q 良縁を呼ぶインテリアのポイントってありますか?

A 恋愛に限らず、「ご縁」はとても大切です。ご縁を担当している星はおもに、一白水星、四緑木星、七赤金星。Ｓｔｅｐ4を参照して、これらの星の開運アイテムを飾ったり、開運カラーを取り入れるとよいでしょう。四緑木星の開運キーワードである「香り」は特におすすめ。アロマやお香を焚いたり、アロマグッズやポプリを置いたりするとよいでしょう。

Q トイレグッズに使うと運氣がよくなる色ってありますか?

A トイレの位置やあなたの本命星によって、おすすめの色は変わってきます（これはキッチンやリビングなどでも同じです）。ただ基本的には、清潔感のある、汚れが目についたらすぐに交換できる色のものがよいでしょう。特に、窓のないトイレは暗くなって陰の氣がこもりがちなので、明るい色を使いましょう。

Q 集中したいときのインテリアのポイントを教えてください

A 長時間集中したいときには、「北」のエネルギーが最適です。家の中の落ち着ける場所で、北向きに座ってみてください。かなり集中できて、勉強もはかどると思います。

また、アロマ（香り）は頭の働きを活性化してくれますが、中でも集中したいときにおすすめなのが、記憶力を助けてくれる「レモンの香り」。カラーセラピー的にも、「黄色」は脳の働きを活発にしてくれます。机の上に生のレモンを置いておくのもよいでしょう。

Q 「北向きの玄関はよくない」と聞きました。氣の流れを変える方法はありますか?

A 「北」は夜を担当し、季節も冬なので、どうしても陰の氣が入りやすくなります。玄関のライトを明るめにしたり、湿気を取る工夫をしたりして、陰の氣を抑えていきましょう。汚れも陰の氣を引きこみやすいので、こまめにお掃除を。また、玄関のすみに盛り塩を置くのもよいでしょう。

Step 6

恵方参りと パワースポットで もっと開運

具体的な願い事があるときには、恵方にある神社仏閣へ恵方参りをしましょう。エネルギー値をさらに高めて開運に結びつけたいときは、パワースポットに行ってみましょう。

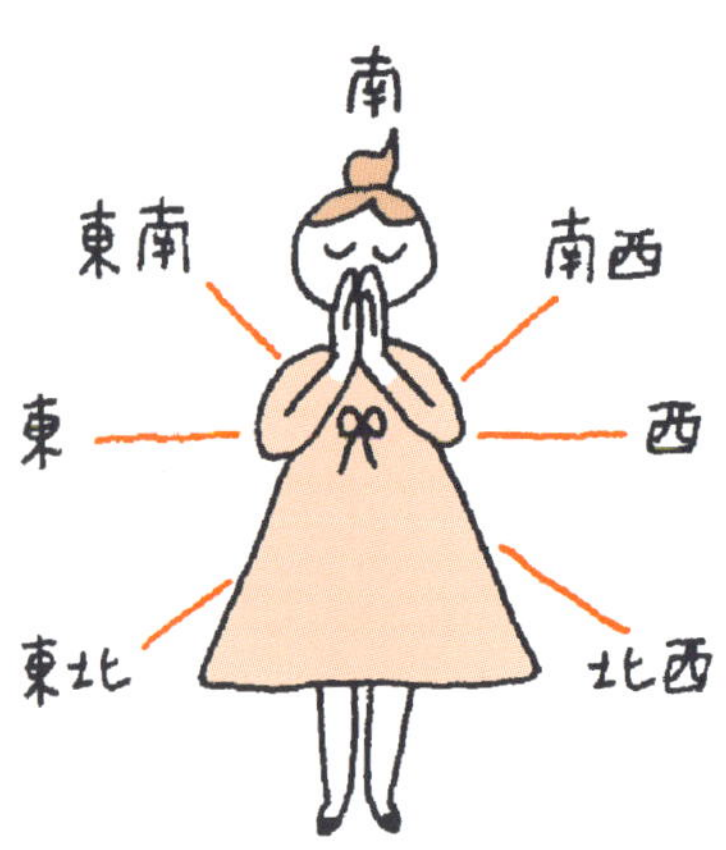

恵方参りで願い事を叶える

具体的な願い事があるときは
恵方にある神社仏閣へ
GO！

恵方は幸せを呼びこむ方位

節分の日に、恵方に向かって太巻きを食べると縁起がいいという「恵方巻き」は、すっかりおなじみになりました。でも、この風習は商人が考えたもので、氣学的な根拠はありません。

「恵方」とは、「幸せを呼びこむ方位」「願いを叶えるチャンスを与えてくれる方位」のこと。恵方は十干から割り出され、2月4日を境に毎年変わります。

十干とは「天の氣（エネルギー）」を表していて、甲、乙、丙、丁、戊、己、庚、辛、壬、癸の10種類からなっています。それぞれ位置する方位が決まっていて、それに基づいて恵方は決まります。

恵方の「氣」を得るために、その年の恵方の方位にある神社仏閣にお参りに行くことを「恵方参り」といいます。

恵方参りは「願い事を叶えるために、天の氣とつながる方位にある神社仏閣へ行く」ことなのです。

毎日変わる日盤吉方と違って、1年をとおして恵方は変わりません。日盤の方位に関係なく、行きたいときに何度行ってもかまいません。

まず恵方にある神社仏閣を探す

２０１７年の恵方は、北の30度のうちの西寄りの10度、壬の方位です。

では、地図を広げ、自分の家から恵方の方位にある神社仏閣を探しましょう。巻末付録の方位分度器を活用してください。もし近くに見つけられなかったら、どんどん距離を伸ばすことで範囲も広がり、見つけやすくなるでしょう。

中には、山や海にぶつかってしまう人もいるかもしれません。そういう人は、年が変わって違う方位になったときに必ず見つかりますから、翌年以降を楽しみにしてください。

恵方参りをする神社仏閣は、自宅から最低750m離れていればOKですが、できれば2㎞以上離れた場所を選びましょう。かけた労力が思いの強さに比例します。近くで楽して叶えようと思わず、遠出してみてください。

恵方参りの5つのポイント

1 願い事は一つに絞る

あれもこれもと願い事を並べるのではなく、今叶えたい願い事を一つに絞りましょう。できるだけ身近で具体的なお願いのほうが叶いやすいです。行くたびに願い事を変えてもいいですし、何回行ってもかまいません。

2 住所と名前を告げる

いざ、願い事を叶えてあげようと思っても、どこの誰だかわからないと助けられません。願い事をする前に、住所と名前を神仏に告げることを忘れないようにしましょう。

3 神社仏閣の大小は関係なし

基本的には、神社仏閣の大きさ、どの神様や仏様が祭られているかは関係ありません。私たちにとって、神社仏閣は天（宇宙）とつながるためのゲートでしかないからです。取り持ってくださる神仏に敬意を評してお参りさせていただくのです。

4 恵方参りに向かない寺院

稲荷（いなり）神社と墓地のみの檀家の寺院は、恵方参りに適しません。お寺の場合、ご本尊様が祭られていて、一般の人もお参りできるところならOKです。

5 時間はいつでもOK

お参りする時間帯は朝でも夜でもかまいません。できれば、本殿に参拝できる開門している時間帯が望ましいですが、仕事帰りでも大丈夫です。

6 お礼参りを必ずする

願いが叶っても叶わなくても、必ずお礼参りはしましょう。もうこれ以上、今年は来られないと思ったときにしてください。引っ越ししない限り、数年後必ずご縁があります。

【今後10年の恵方】

甲（きのえ）の方位（東の北寄り）	2019年、2024年
丙（ひのえ）の方位（南の東寄り）	2016年、2018年 2021年、2023年
庚（かのえ）の方位（西の南寄り）	2020年、2025年
壬（みずのえ）の方位（北の西寄り）	2017年、2022年

※それぞれの詳しい位置は、巻末の方位分度器を参照してください。

恵方参りに行ってみよう

恵方参りは、同じ家に住んでいる方なら皆で一緒に行くことができます。

1年中いつお参りしてもかまいませんが、理想は立春、春分、夏至、秋分、冬至、またはそのあたり前後2週間がおすすめです。

この本の巻末についている透明の方位分度器を地図に当て、中心をあなたの家に、北を地図の真北に合わせて、恵方の方位にある神社仏閣を探します。見つかったら、さっそく行ってみましょう！

鳥居は人様の家の門のようなもの。鳥居をくぐるときは軽く会釈しましょう。

手水で手を洗います。左手にかける→右手にかける→左手に水をくみ口をゆすぐ→左手を流す→水をすくい、ひしゃくを縦にして柄を洗う——これが正式な作法です。

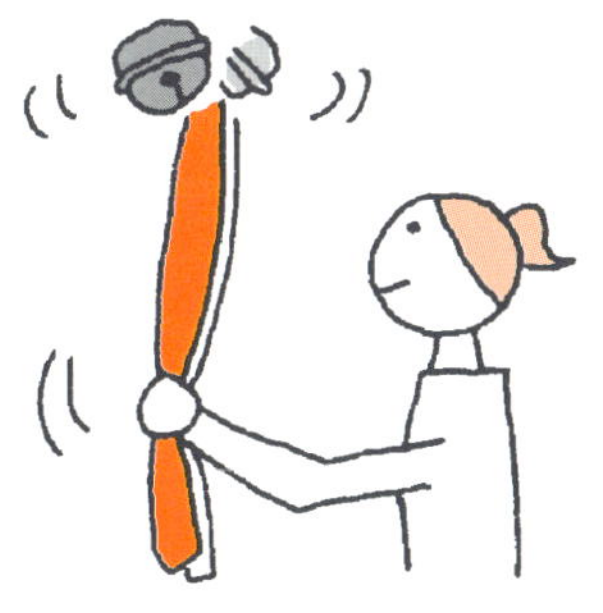

本殿に向かいます。鈴があったら鳴らし、しきたりに基づいてご挨拶をします。神社ならまず「二礼二拍手」、寺院の場合は手を合わせるだけで拍手をしないのが一般的です。

自分の住所と氏名を名乗り、「恵方参りに伺いました」と用件を伝えて、願い事を一つします。願い事をするときに、できたら「恵方参りのポーズ」をしてみましょう。大きくポーズをとりにくければ、胸の前で小さく手のポーズをとるのでもOKです。
そして、願い事をする前か後に「私に願いを叶えるチャンスをください。それがチャンスかどうか見抜く目をください。そのチャンスに乗る勇気をください」という言葉を添えるとさらによいでしょう。

「恵方参りのポーズ」

お釈迦様が誕生後すぐに、7歩歩いて天と地を指さし、「天上天下唯我独尊」と言ったという話は有名ですね。このお釈迦様の、右手で天を指さし、左手で地を指さしたポーズ」が恵方参りのポーズです。

6

最後に深く一礼（一拝）し、神社仏閣にご縁をいただいたことに感謝して参拝は終了です。

パワースポットのエネルギーを浴びに行く

直感を研ぎ澄まして
あなた自身の
パワースポットを見つけて

パワースポットは、「エネルギーが必要！」と感じたときにぜひ訪れたい場所。方位にかかわらずその場自体に神聖なエネルギーがあふれ、誰でもそのエネルギーを浴びることができます。

　最近はさまざまなパワースポットが紹介されていますが、私が大切だと思うのは、あなたにとってそこが「居心地のいい場所」「安心できる懐かしい場所」「強いエネルギーを感じる場所」「目に見える形でお印（自然現象）がある場所」であること。

　直感・感覚を大切にして、あなた自身が「ここはいい！」と思える場所を探してください。そしてその場に身を置いて、木々や花々や大地や空とあなた自身もつながっている、と意識してみてください。その場所があなたに合っていれば、あなたのエネルギーフィールド、オーラに覆いかぶさっているもやのような負のエネルギーが取り除かれ、自然界の「氣（エネルギー）」を充分に受け取ることができるようになるでしょう。

　ここでは、私が「エネルギー値が高い」と感じた場所のほんの一部をご紹介します。あなたにぴったりのパワースポットをぜひ見つけてみてください。

鳩森八幡神社
大宮八幡宮
井の頭恩賜公園
椿大神社
椿岸神社
二見浦
猿田彦神社
戸隠神社
諏訪大社
大神神社
天河神社
瞑想の郷
高野山
神魂神社
八重垣神社
出雲大社
幣立神宮

＊縁結び

鳩森八幡神社

（東京都渋谷区）

ＪＲ千駄ヶ谷駅から徒歩5分の、都心のど真ん中に位置しています。風水だるまや鳩根付けなど個性的なお守りが多く、中でも縁起物の蒔絵シールがついた「万福みくじ」はおすすめ。携帯などに貼って使いましょう。

本殿にお参りしたあとは、境内にある富士浅間神社へぜひ。富士山に見立てて作られた富士塚の頂上にある、縁結びのパワースポットです。富士山の合数にあわせて、まるで山を登るように急な岩場を登っていきます。

この鳥居をくぐって登った先に富士浅間神社があります。

＊縁結び・子育て

大宮八幡宮

（東京都杉並区）

京王井の頭線西永福駅から徒歩7分。「東京のへそ」として千年の歴史を誇る神社です。主祭神は応神天皇、その父の仲哀天皇、母の神功皇后。親子三神の強い絆から、縁結び、安産、子育ての神社として有名で、お宮参りをする人も多く訪れます。

1万5千坪もの広さの緑豊かな境内には、エネルギー値の高いパワースポットがたくさん点在！　境内をゆっくりと散策して、居心地のよい場所を見つけたら、そこがあなたのエネルギースポットです。

中でも私のおすすめエネルギースポットは、本殿左奥にある若宮八幡の鳥居の前の場所。ここにしばらく立っていると、エネルギーが満ちてくるのを感じることができるでしょう。

＊縁結び・金運

井の頭恩賜公園

（東京都三鷹市、武蔵野市）

公園奥にある弁財天にお参りしてから、本堂裏手にある銭洗い弁天で小銭のお清めを。その後、池のボートに乗りましょう。カップルで乗ると別れると言われていましたが、井の頭公園駅方面の池の端に、神様と人間界をつなぐ高次の光のエネルギーが立ち、弁財天が結びつきを助けてくれるようになりました。今では、一緒にボートに乗ると距離がぐっと縮まると言われます。光のエネルギーは肉眼では見えませんが、写真には写ることがあります。

池の上方に「光のエネルギー」が写っています。

＊勝利に導く

諏訪大社

（長野県諏訪市）

日本最古の神社の一つ。諏訪湖周辺に上社本宮、上社前宮、下社秋宮、下社春宮の計4つの社があり、上社本宮が全国に1万社以上ある諏訪神社の総本社です。本殿がないのが特徴で、秋宮は一位の木を、春宮は杉の木を御神木とし、上社は御山をご神体として、自然界を祭っています。

4社すべて参拝できれば理想的ですが、時間がない場合は上社本宮と下社秋宮だけでも回りましょう。

中でもおすすめエネルギースポットは、本宮にある注連縄が結んである大きなけやきの木。また、本宮から車で5分のところに神長官守矢史料館（諏訪大社の神官＝神長官を務めてきた守矢家の史料館）がありますが、この庭を抜けた高台にある諏訪の守り神様を祭る祠も、知る人ぞ知るエネルギースポットです。

＊天命の扉が開く

戸隠神社

（長野県戸隠村）

JR長野駅からバスで約1時間。かつては比叡山・高野山とともに霊山として栄えた、戸隠山のふもとに立つ神社です。天の岩戸が飛んできて戸隠山になったといういわれがあり、天の岩戸開きに功績のあった神々たちが祭られています。

奥社・中社・宝光社・九頭龍社・火之御子社の5社からなり、駐車場からすぐの中社だけお参りして帰ってしまう人が多いのですが、エネルギーを感じたいなら2km歩く奥社へぜひ。樹齢400年を超える杉並木の続くすがすがしい参道を抜け、石段を登ると、その頂上に奥社があります。奥社の隣には、縁結びで有名な九頭龍社が。

奥社と九頭龍社の向こうには戸隠山の絶壁が見えますが、ここもとてもエネルギー値が高い場所です。

＊自分らしさに気づく

瞑想の郷

（富山県利賀村）

JR越中八尾駅からバスで約1時間、下車後さらに徒歩20分。秘境という言葉がふさわしい山奥に、ネパールのツクチェ村の友好のシンボルとしてオープンしたスピリチュアルスポット。施設の一つ「瞑想の館」には、ツクチェ村の僧侶サシ・ドージトラチャン氏が2年かけて描いた4m四方の巨大な曼荼羅図や仏教画が展示されています。参道に積まれた石垣や花曼荼羅、仏像にも心が洗われるでしょう。

地元のお母さんたちによる心のこもった手料理が味わえる宿泊施設「瞑水の館」もあります。満月の光を浴びながら行なうヨーガなど貴重な体験もできるので、泊まりがけでゆっくりと過ごしてみてはいかがでしょうか。

*みそぎ 二見浦（三重県伊勢市）

伊勢神宮近く、二見浦の沖合に、大注連縄で結ばれ仲良く寄り添うように浮かんでいる男岩と女岩。この夫婦岩は、海中に鎮まる猿田彦大神縁りの興玉神石（霊石）の鳥居と見なされています。4～9月の間は夫婦岩の間からご来光が拝めます。夫婦岩をゆっくり眺めたら、二見興玉神社を参拝しましょう。昔、伊勢参りの際には、まず二見浦で旅の汚れを落とし身を清めたそうで、二見興玉神社を先に参拝してから伊勢神宮を参拝するのが正式です。

二見浦に仲よく浮かぶ男岩と女岩。

*道が開ける 猿田彦神社（三重県伊勢市）

伊勢神宮の外宮、内宮はパワースポットとしてあまりにも有名ですが、伊勢神宮へお参りするなら、内宮から徒歩20分ほどの猿田彦神社にもぜひ。内宮から猿田彦神社へ続く道沿いに並ぶ石灯籠には、不思議なことにユダヤのマーク（六芒星）が刻印されています。チェックしてみてください。

猿田彦神社の主神は猿田彦大神。「ものごとの最初に現れ、万事もっともよい方向へ〝おみちびき〟になる」大神様であり、「道開きの神」として、あなたの進むべき方向や必要なご縁をつけてくれます。

境内に一歩足を踏み入れるだけで、すばらしい氣のエネルギーに包まれ、元気がわいてくるのを実感できるでしょう。

*道が開ける 椿大神社（三重県鈴鹿市）

ＪＲ四日市駅からバスで約1時間の山の中に鎮座し、全国の猿田彦神社の本宮にあたります。境内の並木は神気に満ちていて、たたずんでいるだけで充電できます。

本殿後方にある大明神川は神水とされ、昔から万病に効くとして有名です。ここにある神聖な滝には、月に1度の「みそぎ修法会（滝行）」に参加する人だけが入ることができます。おいしい伊勢茶がいただける休憩所「参集殿」もおすすめです。

＊縁結び

椿岸神社（三重県鈴鹿市）

椿大神社の敷地内にあり、猿田彦大神の妻神の天之鈿女命が祭られています。芸能の祖神というだけあって、参道脇にはご奉納した芸能界のそうそうたる名前が。縁結び、夫婦円満の神様としても親しまれていて、境内のエネルギーは愛に満ちています。境内の茶室「鈴松庵」で、美しい庭園を見ながら抹茶と和菓子をぜひ。そして本殿脇にある小さな滝は、恋愛運アップのパワースポット。滝の写真を携帯待ち受けにすると恋が叶うとか。

待ち受けにすると恋が叶うといわれている滝。

＊天命の扉が開く

大神神社（奈良県桜井市）

JR三輪駅より徒歩5分。奈良盆地にそびえ立つ円錐形の美しい三輪山がご神体で、三輪山を称えてこの名がつけられています。

鳥居を一つくぐるたびに、体感温度が下がっていくような神聖なエネルギーを感じます。三輪山はもとより、境内に生い茂る杉の木はすべて、神霊の宿る神樹、神霊の降りる霊木として崇拝されています。また、蛇は三輪の神の化身と言われ、白蛇を祭った御神木の根元には、参拝客によって蛇の好物とされる卵とお神酒がお供えされています。

境内にある狭井神社の左手にあるのが、ご神水がこんこんと湧き出ている「薬井戸」。古くから万病に効くとして大変有名なので、ぜひいただいてきてください。

＊才能開花

天河神社（奈良県天川村）

近鉄吉野線下市口駅よりバスで約1時間。吉野の山奥にあって交通の便も悪く、たどり着くのに時間はかかりますが、参拝する価値は大いにあります。歴史は非常に古く飛鳥時代までさかのぼり、現在も多くの聖人が訪れます。

芸能の神様が主祭神で、才能開花、芸事成就のための、輪でつながった3つの鈴のお守り「五十鈴」が有名です。ありのままの自分を受け入れてくれる、ないものを求めるのではなく、あるものを活かすことを応援してくれる……そう感じられる神様です。

また、ここから車で10分ほど登ったところにある湧き水「ごろごろ水」は、飲むと病気が治ると言われていて、遠くから汲みにくる人が後を絶たないそうです。

＊自分らしさに気づく

高野山（和歌山県高野町）

和歌山県高野町にある、標高約1000m前後の山々の総称。弘法大師空海によって開かれた仏教の聖地です。空海が曼荼羅の思想にもとづいて創建したとされる壇上伽藍や金剛峯寺、もとは女人禁制だった時代の名残りを残す女人堂、そして弘法大師の御廟がある奥の院……。下界を離れて、ゆっくりと自分自身と向き合うのには最高の場所です。

阿字観（瞑想）や護摩焚きなどを体験しながら、宿坊に泊まれば、身も心も清められるように感じるでしょう。女性の一人旅でも安心。特に冬の高野山は空気がピンと張りつめ、一段と霊験あらたか。おすすめです。

＊縁結び

出雲大社、神魂神社、八重垣神社（島根県出雲市、松江市）

伊勢神宮同様、パワースポットとしてあまりにも有名な出雲大社。本殿は大社造りとして最古の建築で、その神々しさ、境内の静けさ、神聖さは言葉にできません。本殿の天井に描かれている「八雲之図」の雲は7つしかなく、残りの1つは神魂神社の天井に9つの瑞雲として描かれています（普段は拝観できません）。

「神様の魂があるところ」という名をもつ神魂神社も、とても神聖な場所。そして、神魂神社から里山の道を1㎞ほど歩いたところにある八重垣神社は恋愛運の神様。ここの「鏡の池」は、池に浮かべた和紙の上に硬貨を乗せ、沈む速さや場所を見て縁の距離を占う恋占いで有名です。出雲大社を参拝するなら、ぜひ神魂神社、八重垣神社にも足を運んでみてください。

＊天命の扉が開く

幣立神宮（熊本県山都町）

熊本県と宮崎県との県境に位置し、神々降臨の地・高千穂に隣接している、知る人ぞ知るパワースポット。天照大神が住む宮殿、その子孫である天皇の住む御殿の意味で、「高天原・日の宮」とも呼ばれています。

高天原神話の発祥の地とされ、神社拝殿のすぐ右手には、天照大神の和御霊が鎮まっているとされる天神木（巨檜）があります。主祭神は、神漏岐命、神漏美命、大宇宙大和神、天御中主大神、天照大神。人類の平和を願って宇宙から降臨された大神様がずらりと祭られている、日本で唯一の神社なのです。

参拝後は車で30分ほどの高千穂町へぜひ。天の岩戸神社や天安河原など、神話を今に伝える神社やスポットがたくさんある、ここもまた大変なエネルギースポットです。

付録① 年盤・月盤・日盤

次ページから、年盤・月盤・日盤を掲載しました。吉方取りをするときにぜひ活用してください。

<年盤・月盤・日盤の見方>

南
五
九　七
東　破　八　一　三　酉　西
四　二
六
ア恵方
北

・通常の地図と違い、上が南、下が北、左が東、右が西です。
・盤面上の一〜九までの数字は九星を表しています。
・「ア」は五大凶方の暗剣殺（五黄土星の反対側）、「破」は五大凶方の破壊殺（十二支がいる反対側）です。
・色が塗ってあるところは、すべての人に共通の凶方位である、五黄殺、破壊殺、暗剣殺です。
・年盤には十二支（子丑寅卯辰巳午未申酉戌亥）と恵方の方位も入れてあります。
・新しい年の年盤を使うのは２月４日からです。１月１日〜２月３日までは前の年の年盤になるので注意しましょう。
・ 2017年２月以降の日盤を知りたい方には手帳があります。詳しくはホームページ http://tiaraangel.web.fc2.com をご覧ください。

<練習：2017年のあなたの年盤吉方を割り出してみよう！>

❶ はじめに、あなたの本命星、月命星、最大吉方、吉方を確認しましょう。（14ページ参照）

❷ すべての人に共通の凶方位である、五黄殺、暗剣殺、破壊殺はすでに色を塗って消してあるので、そのまま使います。

❸ 本命殺（自分の本命星と月命星）に斜線を引いて、消します。

あなたの本命星

あなたの月命星

あなたの最大吉方

あなたの吉方

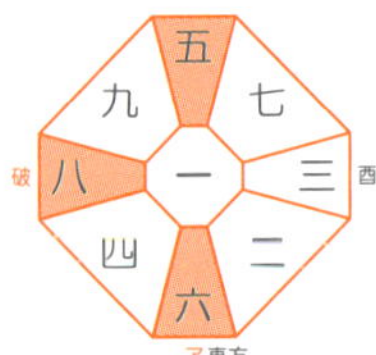

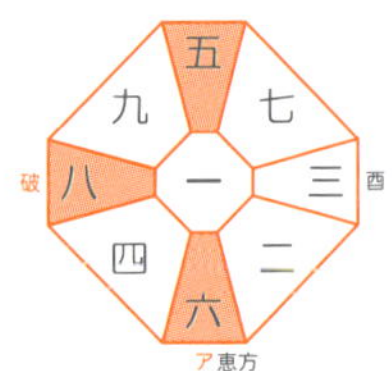

❹ 的殺（自分の本命星と月命星の反対側）に斜線を引いて、消します。

❺ 残った枠の中に、自分の最大吉方があれば◎を、吉方があれば○をつけます。

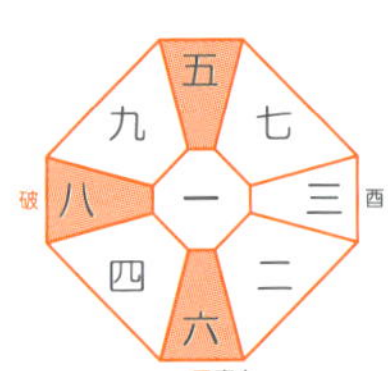

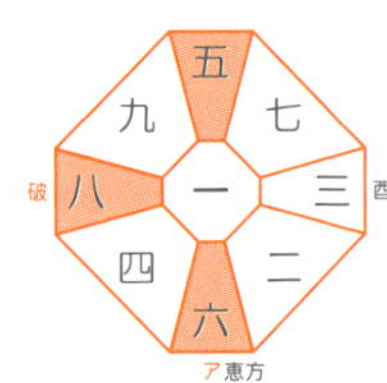

2017年のあなたの
最大吉方位　　　　あなたの**吉方位**

※最大吉方、吉方がわかったら、巻末の透明の方位分度器を、中心をあなたの家に、北を真北に合わせて地図の上に当て、年盤吉方を把握しましょう。

【年盤】

※1月1日～2月3日は前年でみます。ただし、2021年は2月2日までが前年となります。

2016年　平成28年　丙申

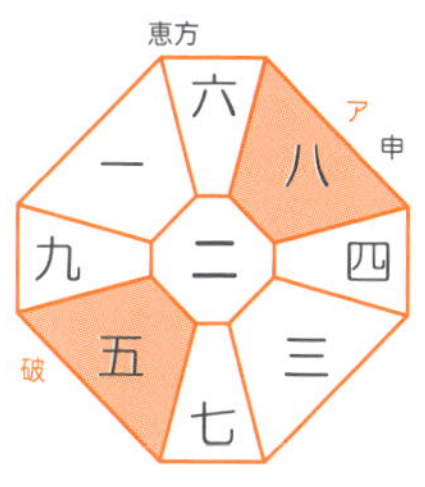

2017年　平成29年　丁酉

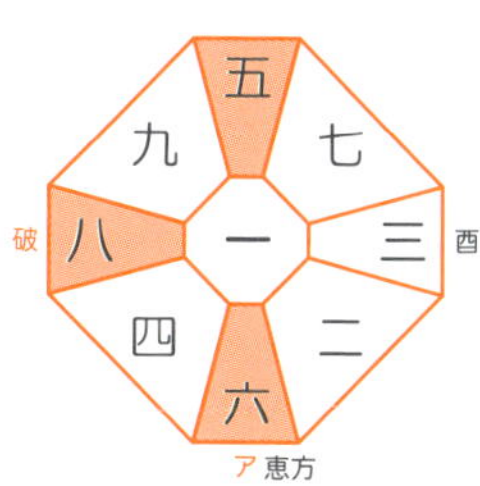

2018年　平成30年　戊戌

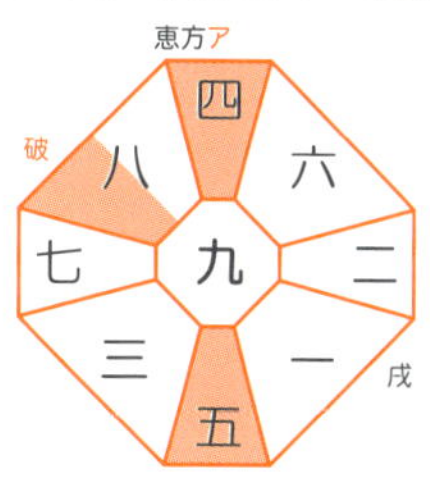

2019年　平成31年　己亥

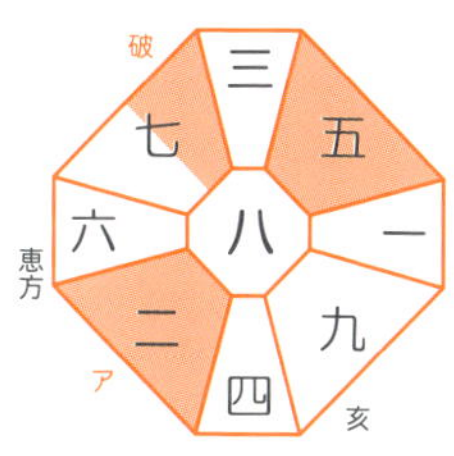

2020年　平成32年　庚子

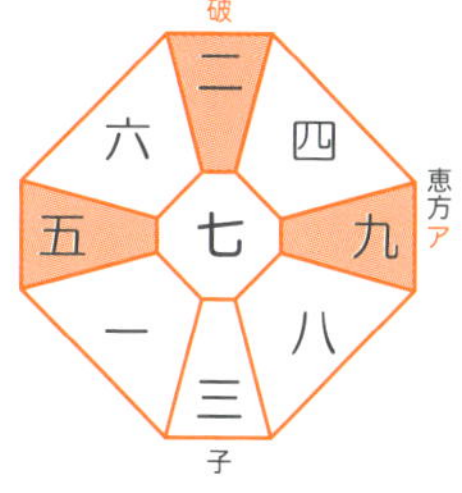

2021年　平成33年　辛丑

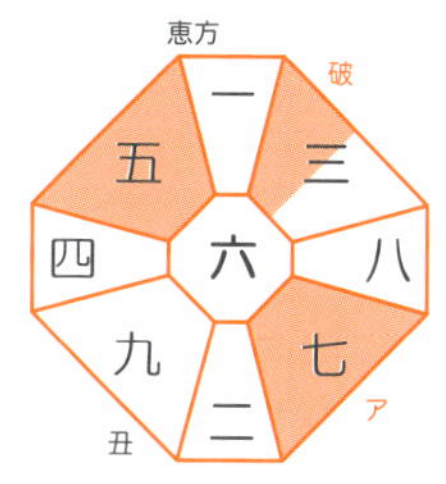

2022年　平成34年　壬寅

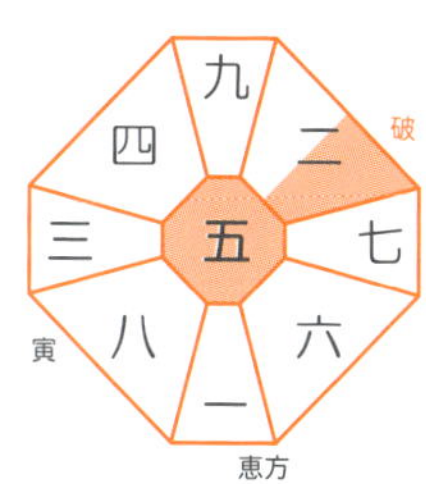

2023年　平成35年　癸卯

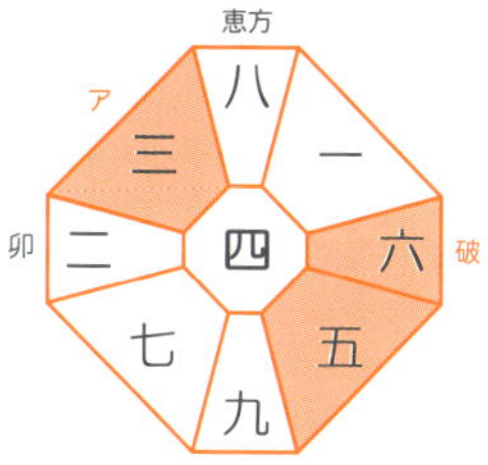

2024年　平成36年　甲辰

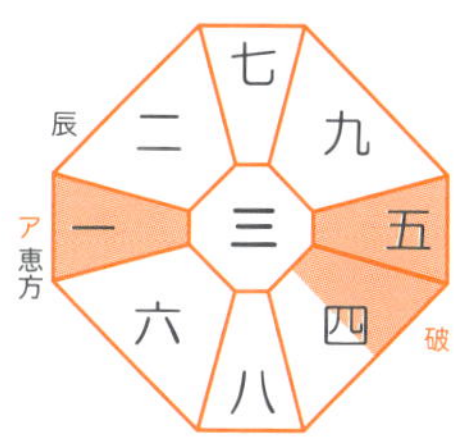

【2016年の月盤】

10月（10/8～11/6）戊

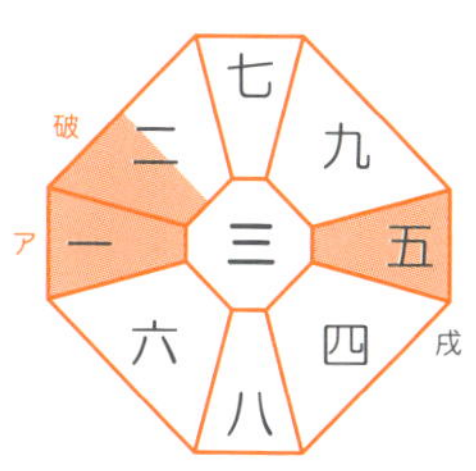

11月（11/7～12/6）亥

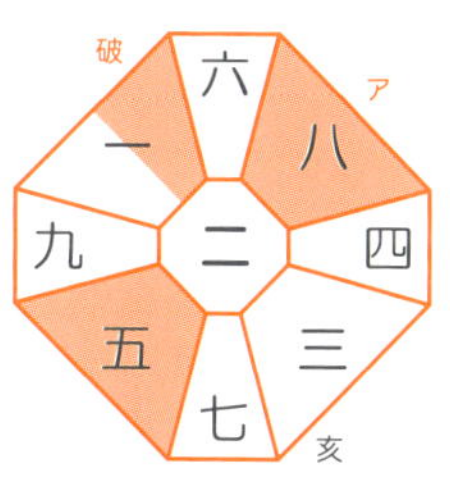

12月（12/7～1/4）子

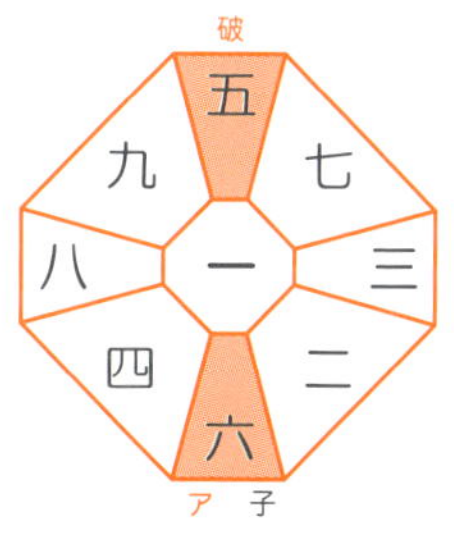

【2017年の月盤】

1月（1/5～2/3）丑

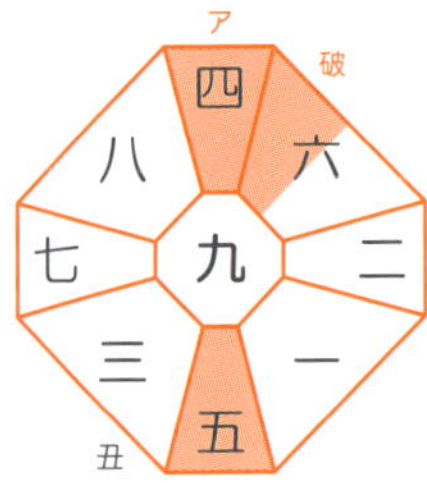

2月（2/4～3/4）寅

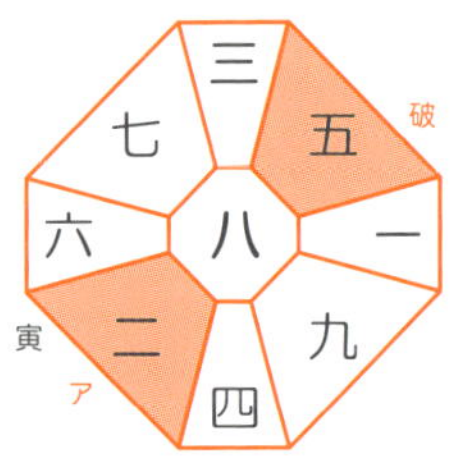

3月（3/5～4/3）卯

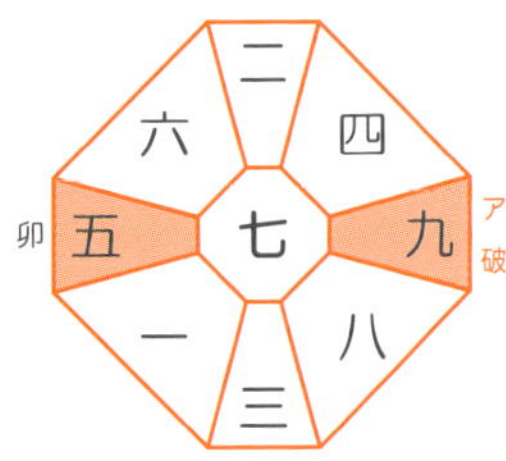

4月（4/4～5/4）辰

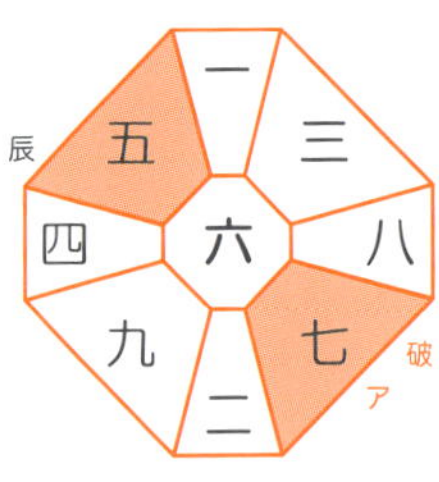

5月（5/5～6/4）巳

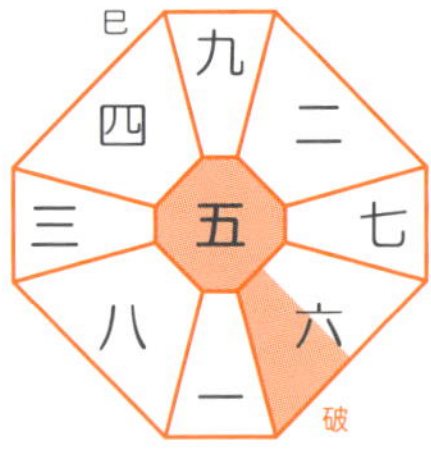

6月（6/5～7/6）午

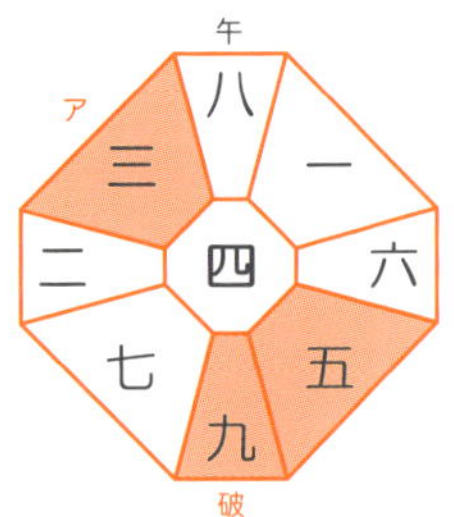

7月（7/7～8/6）未

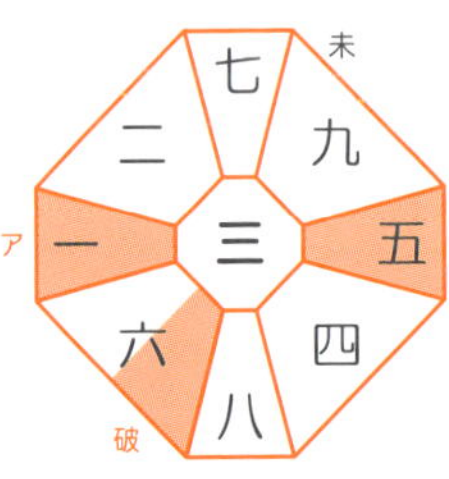

8月（8/7～9/6）申

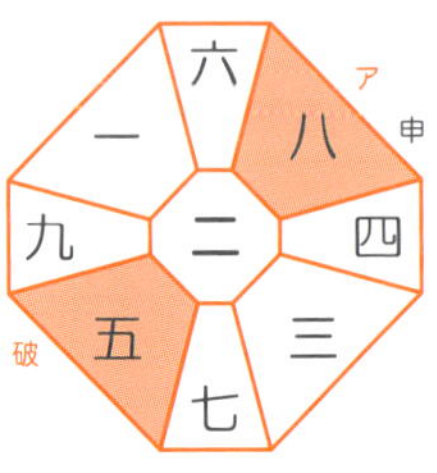

9月（9/7～10/7）酉

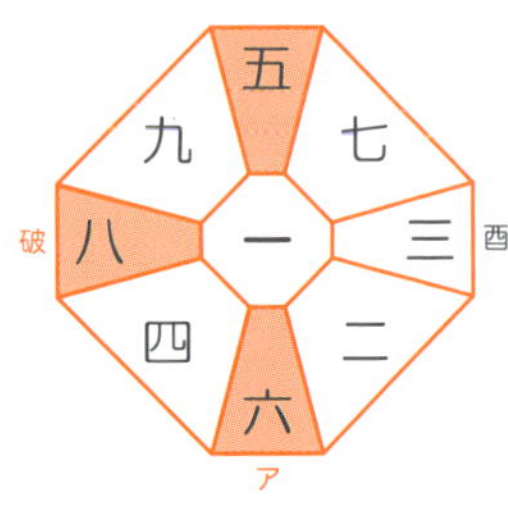

10月（10/8～11/6）戌

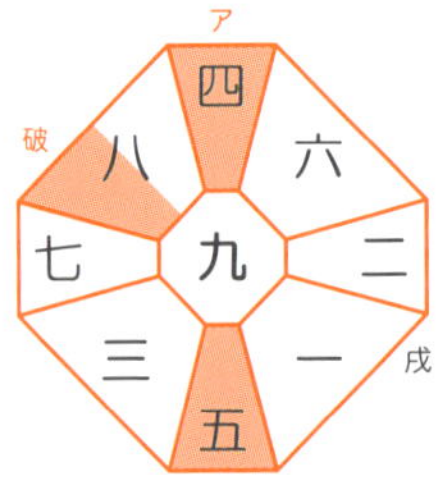

11月（11/7～12/6）亥

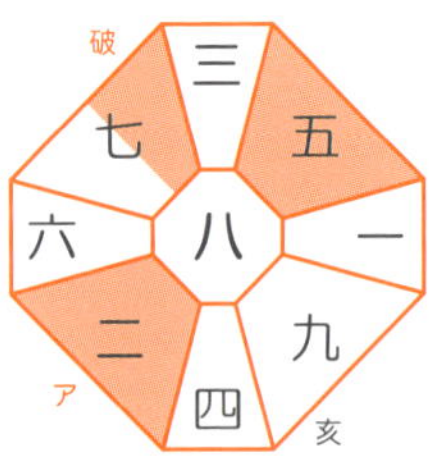

12月（12/7～1/4）子

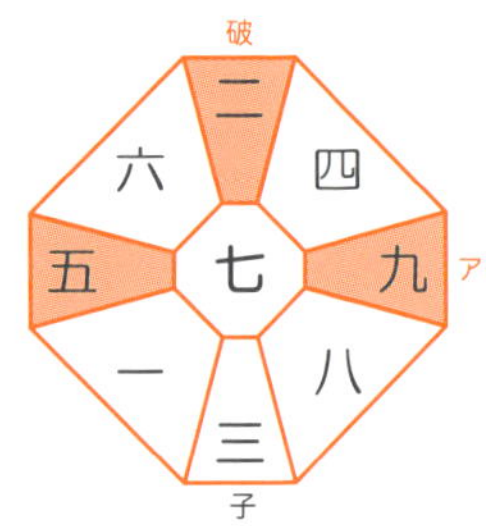

【2018年の月盤】

1月（1/5～2/3）丑

2月（2/4～3/5）寅

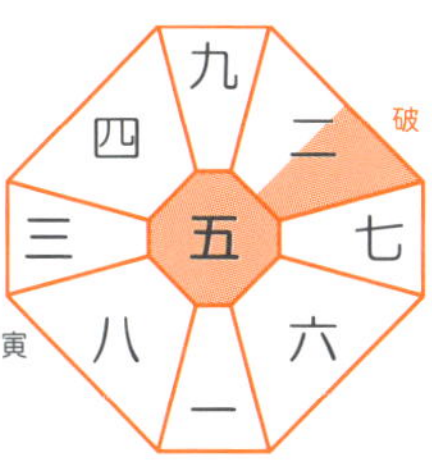

3月（3/6～4/4）卯

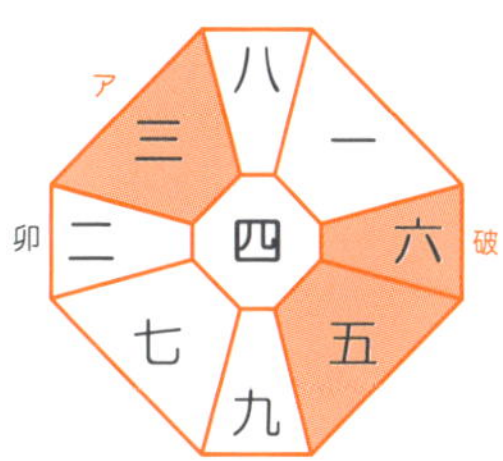

4月（4/5～5/4）辰

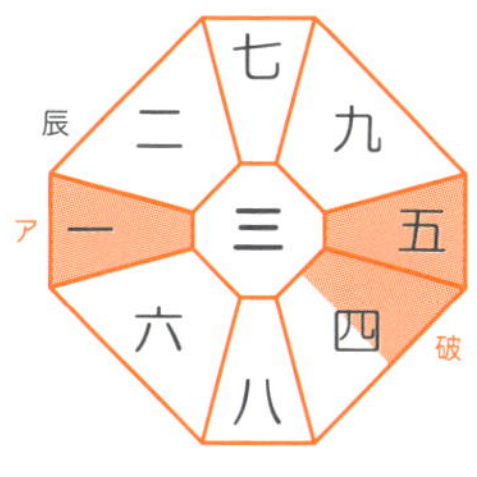

5月（5/5～6/5）巳

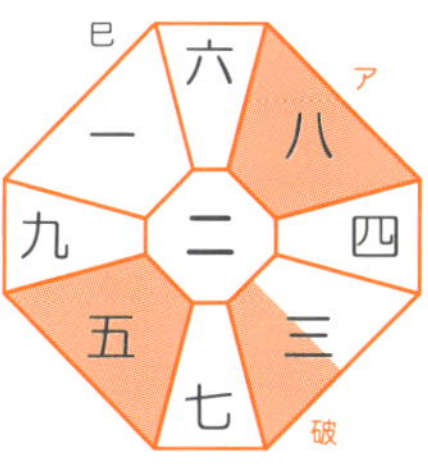

6月（6/6～7/6）午

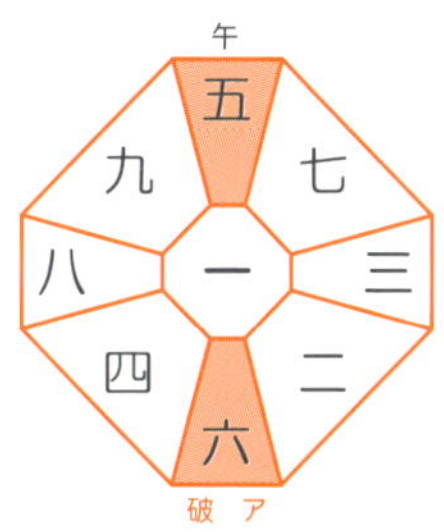

7月（7/7～8/6）未

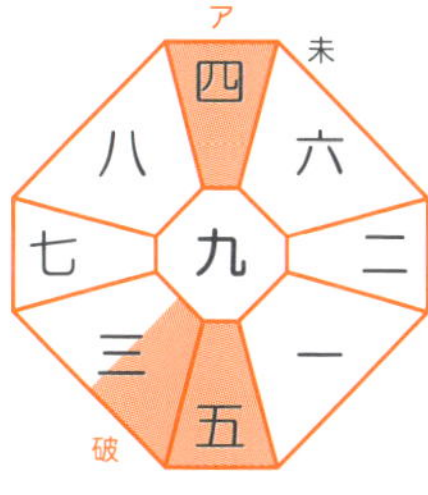

8月（8/7～9/7）申

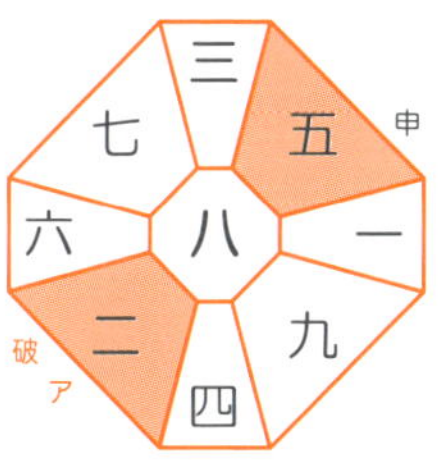

9月（9/8～10/7）酉

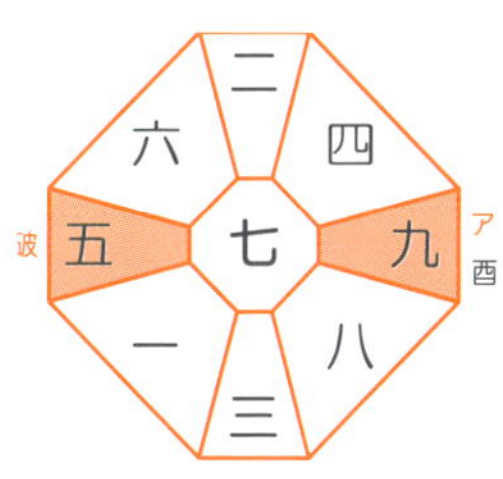

10月（10/8～11/6）戌

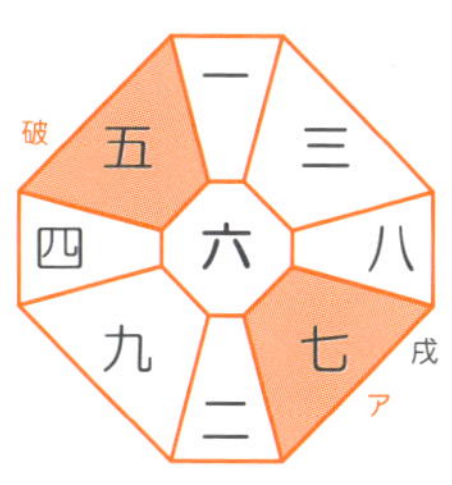

11月（11/7～12/6）亥

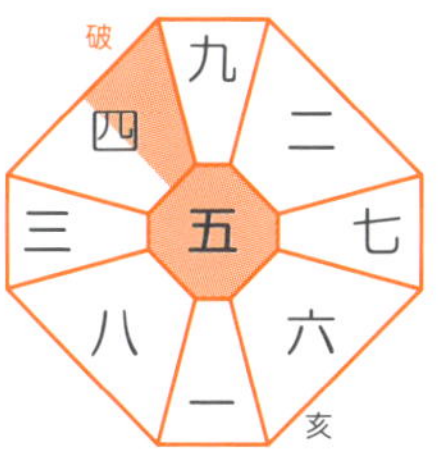

12月（12/7～1/5）子

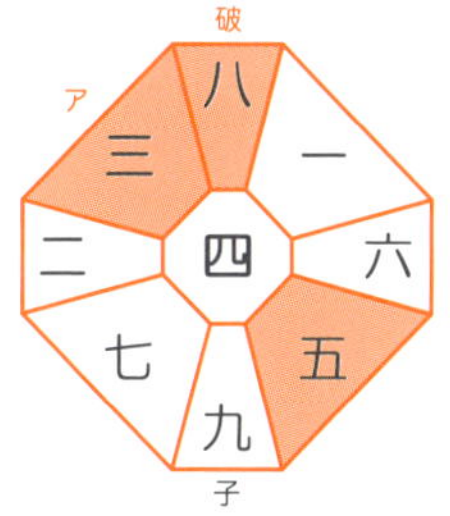

【2019年の月盤】

1月（1/6～2/3）丑

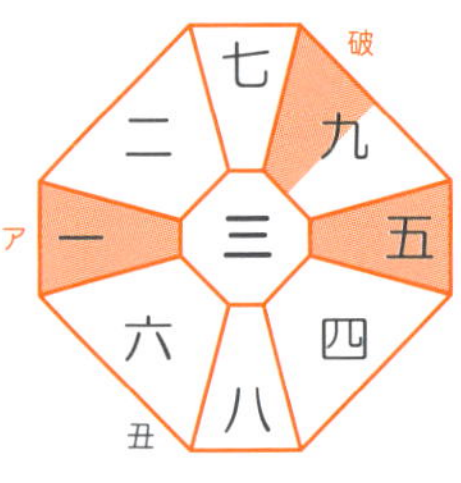

2月（2/4～3/5）寅

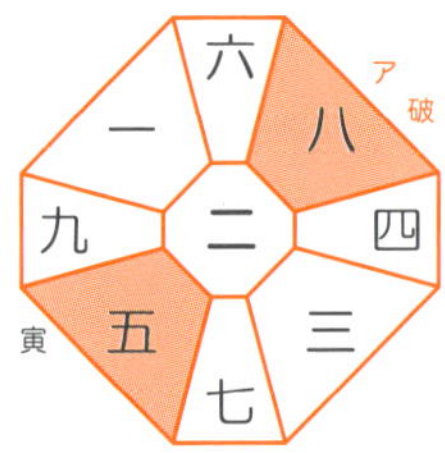

3月（3/6～4/4）卯

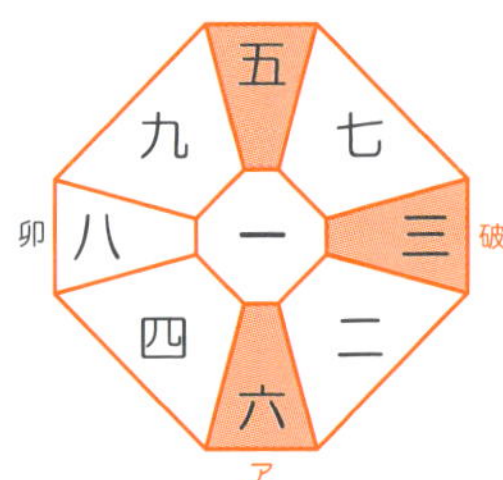

4月（4/5～5/5）辰

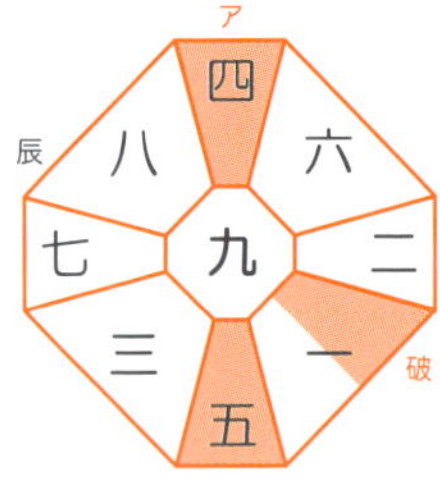

5月（5/6～6/5）巳

6月（6/6～7/6）午

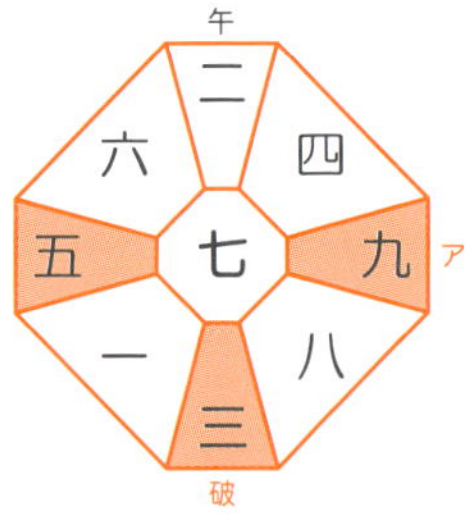

7月（7/7～8/7）未

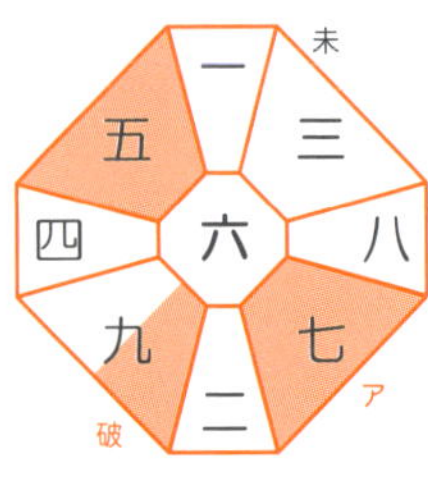

8月（8/8～9/7）申

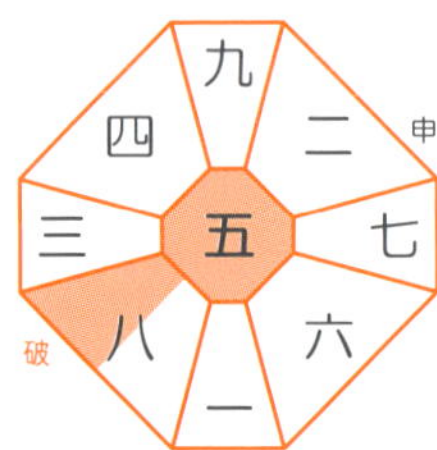

9月（9/8～10/8）酉

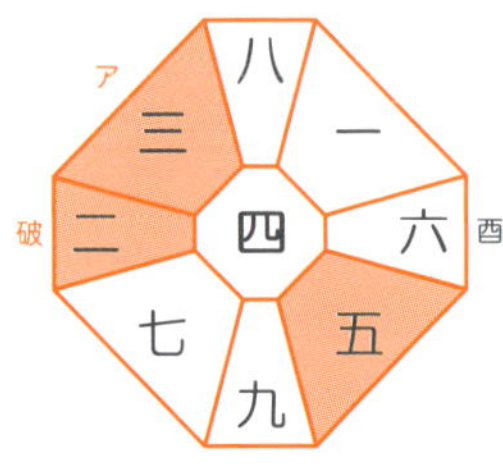

10月（10/9～11/7）戌

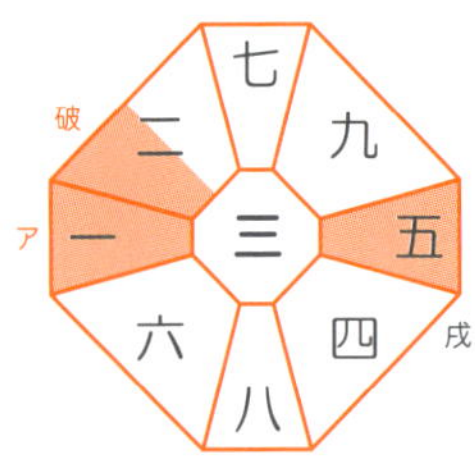

11月（11/8～12/7）亥

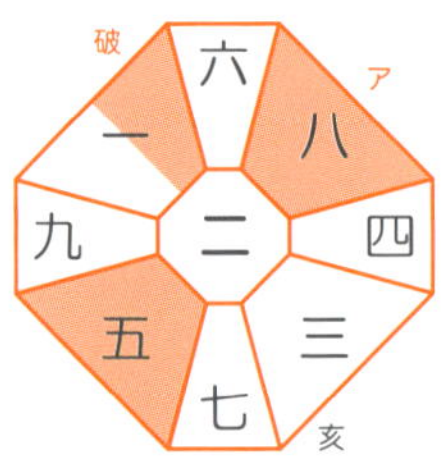

12月（12/8～1/5）子

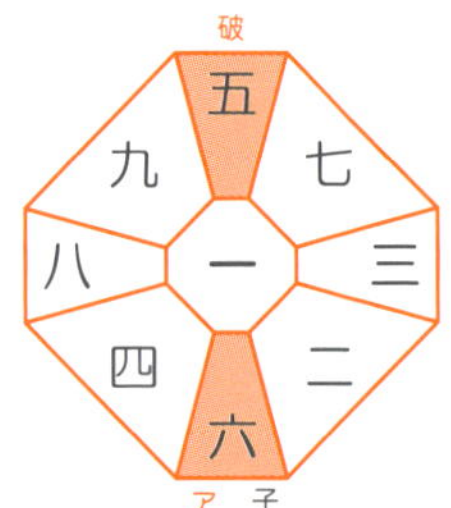

【2016年 10月の日盤】 ●新月／○満月

2016年 10月の月盤（10/8～ 11/6）

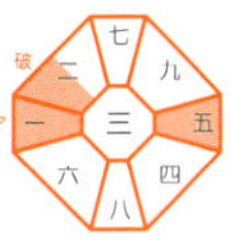

1日（土）辰 ●

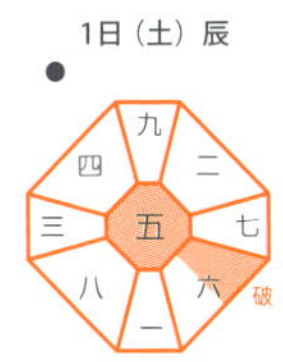

2日（日）巳

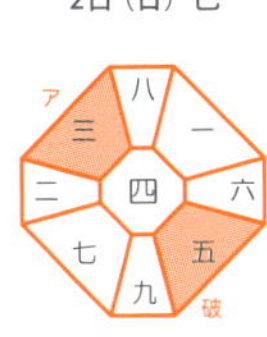

3日（月）午

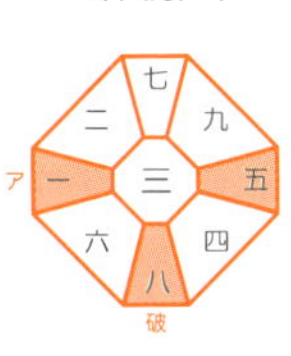

4日（火）未

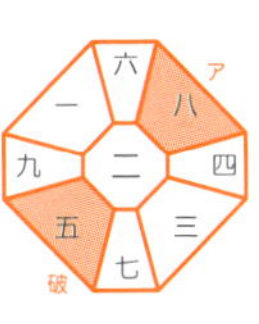

5日（水）申

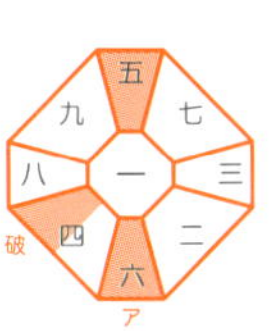

6日（木）酉

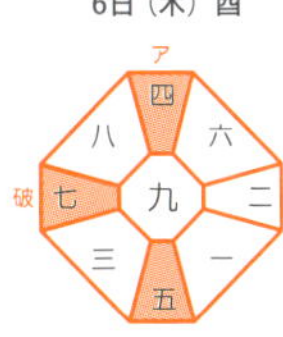

7日（金）戌

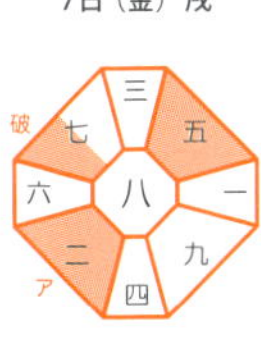

8日（土）亥
寒露

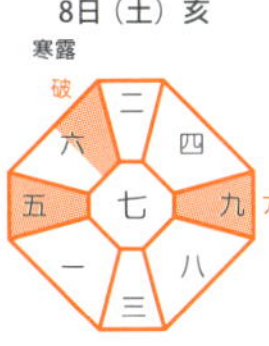

9日（日）子

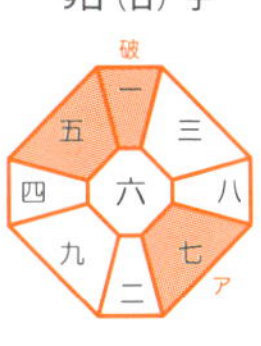

10日（月）丑

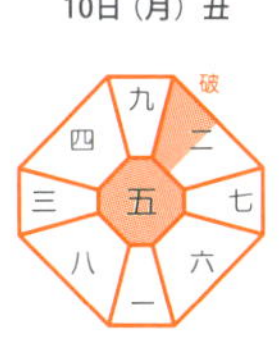

11日（火）寅

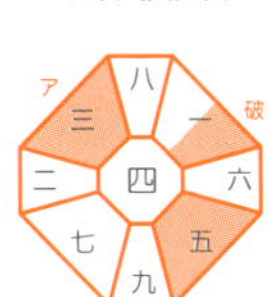

12日（水）卯

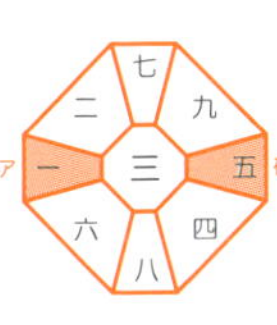

13日（木）辰

14日（金）巳

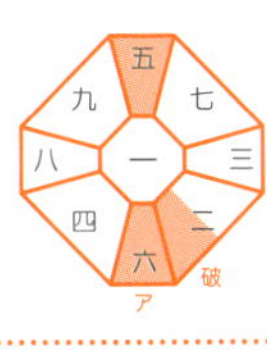

15日（土）午

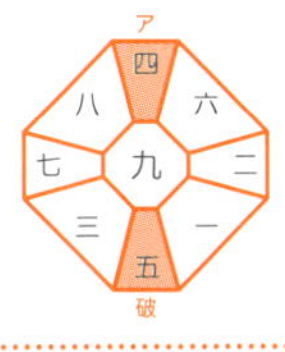

16日（日）未 ○

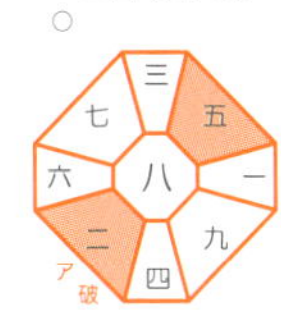

17日（月）申

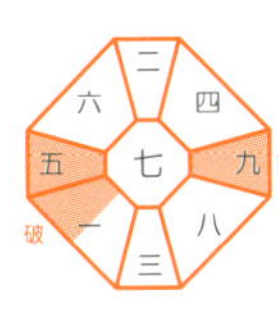

18日（火）酉

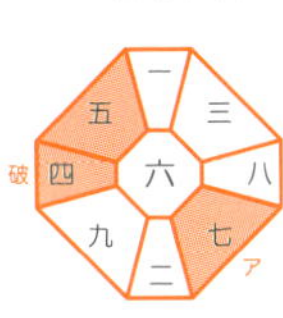

19日（水）戌

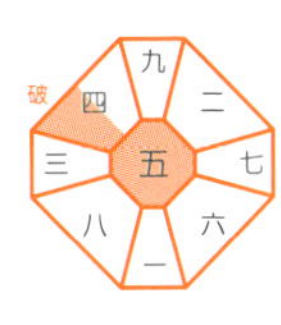

20日（木）亥

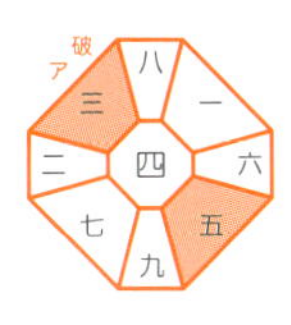

21日（金）子

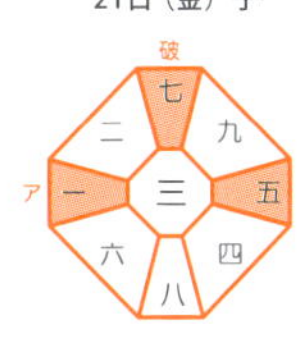

22日（土）丑

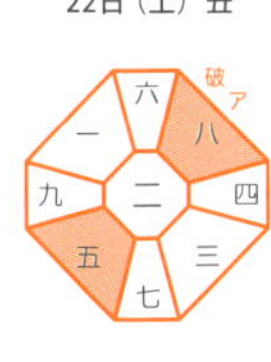

23日（日）寅
霜降

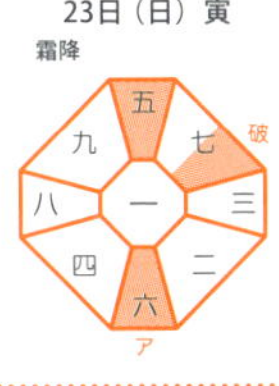

24日（月）卯

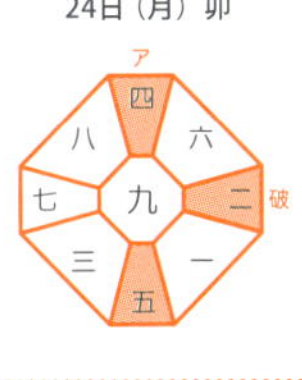

25日（火）辰

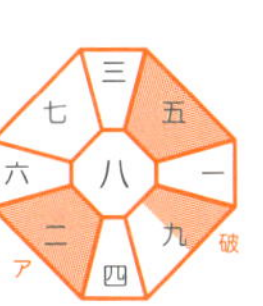

26日（水）巳

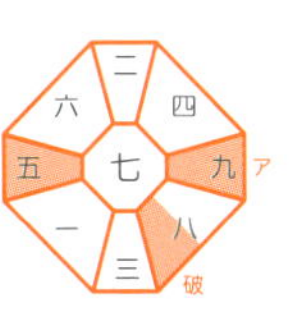

27日（木）午

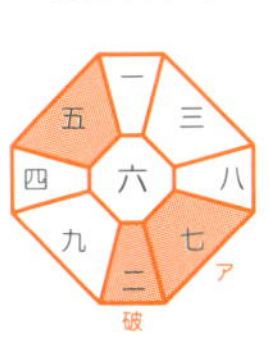

28日（金）未

29日（土）申

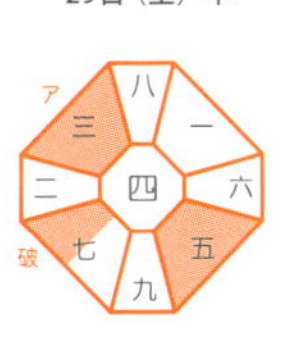

30日（日）酉

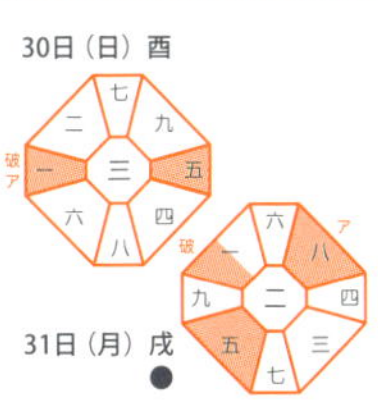

31日（月）戌 ●

【2016年 11月の日盤】●新月／○満月

2016年 11月の月盤（11/7～ 12/6）

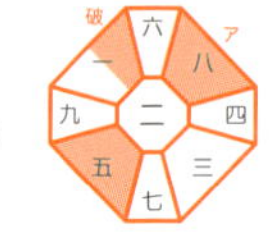

1日（火）亥

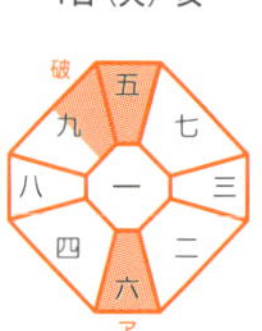

2日（水）子

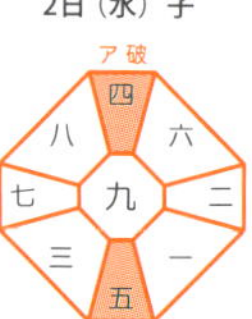

3日（木）丑

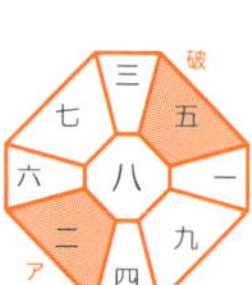

4日（金）寅

5日（土）卯

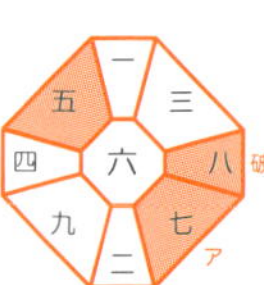

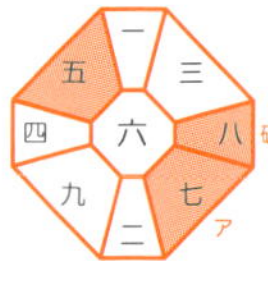

6日（日）辰

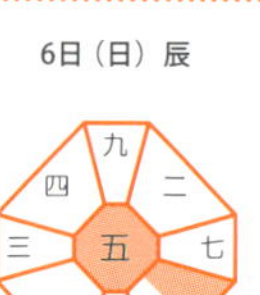

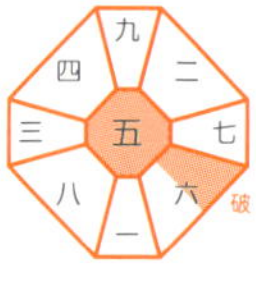

7日（月）巳

立冬

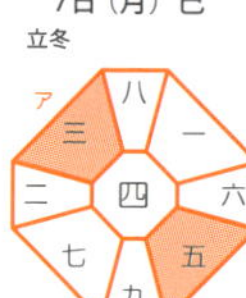

8日（火）午

9日（水）未

10日（木）申

11日（金）酉

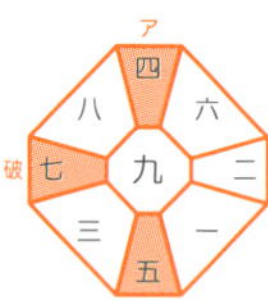

12日（土）戌

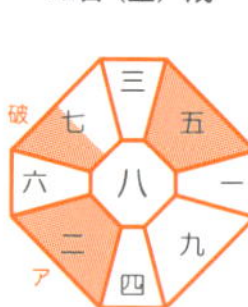

13日（日）亥

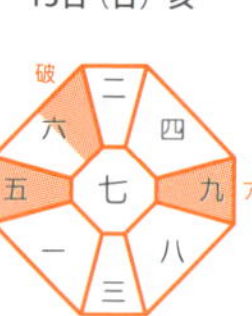

14日（月）子 ○

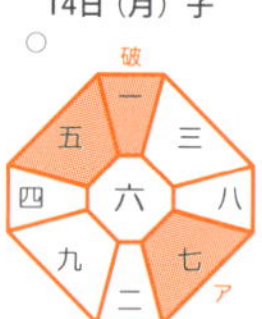

15日（火）丑

16日（水）寅

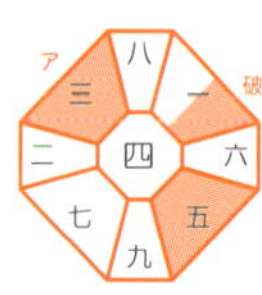

17日（木）卯

18日（金）辰

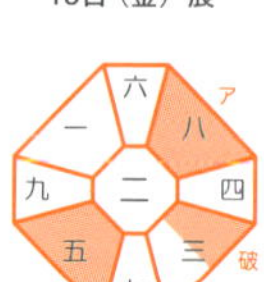

19日（土）巳

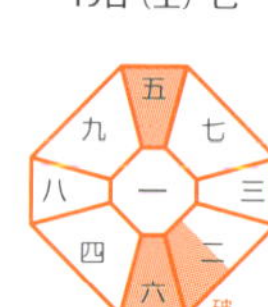

20日（日）午

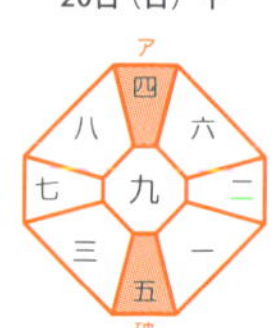

21日（月）未

22日（火）申

小雪

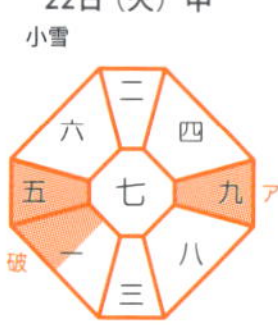

23日（水）酉

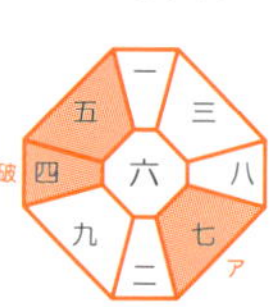

24日（木）戌

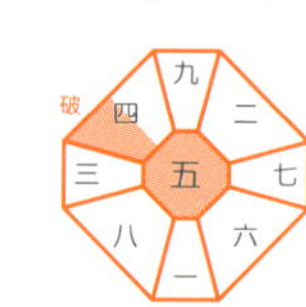

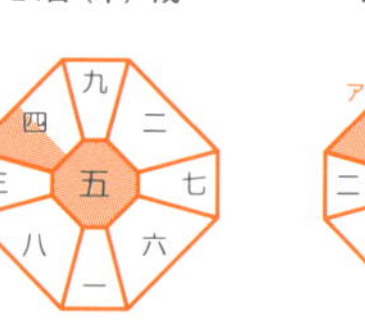

25日（金）亥

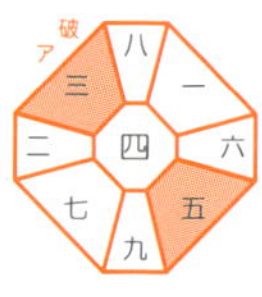

26日（土）子

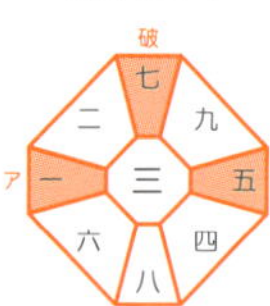

27日（日）丑

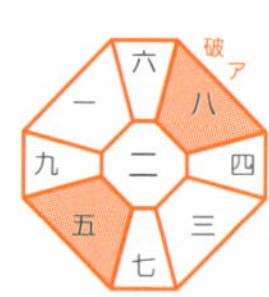

28日（月）寅

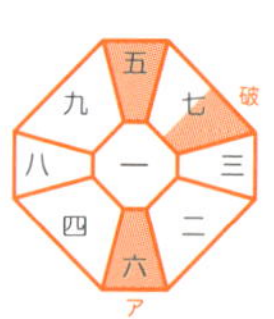

29日（火）卯 ●

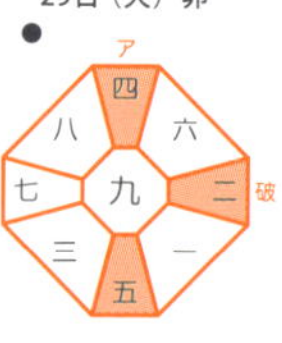

30日（水）辰

【2016年 12月の日盤】

●新月／○満月

2016年 12月の月盤（12/7～ 1/4）

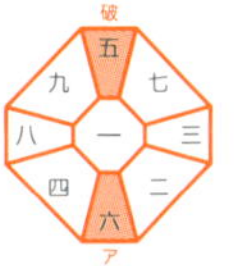

1日（木）巳

2日（金）午

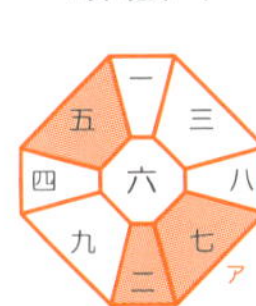

3日（土）未

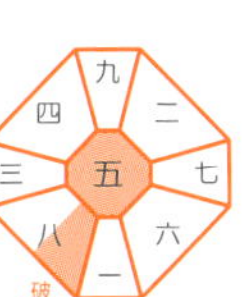

4日（日）申

5日（月）酉

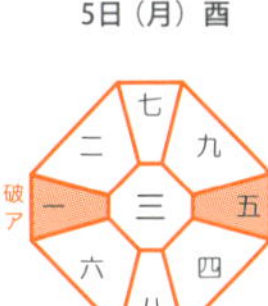

6日（火）戌

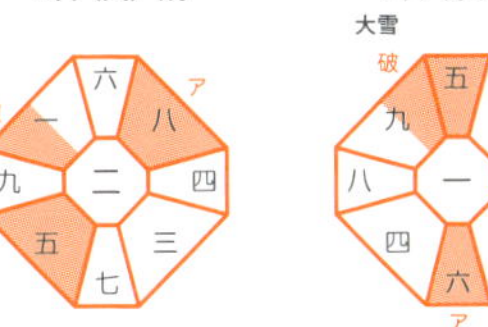

7日（水）亥

大雪

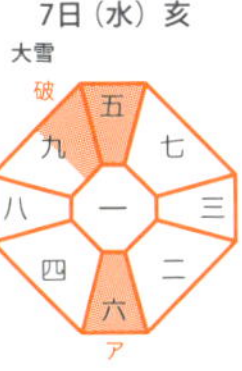

8日（木）子

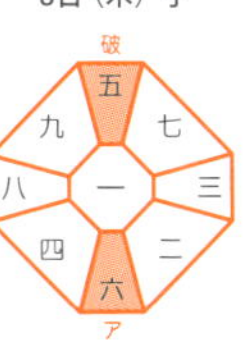

9日（金）丑

10日（土）寅

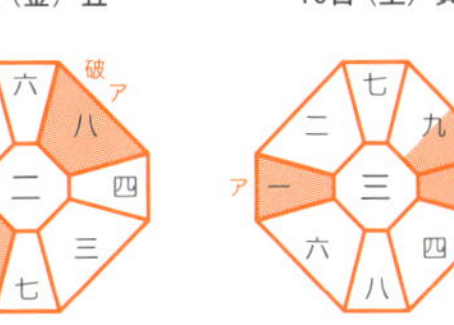

11日（日）卯

12日（月）辰

13日（火）巳

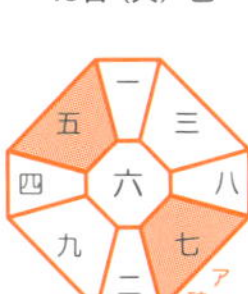

14日（水）午

○

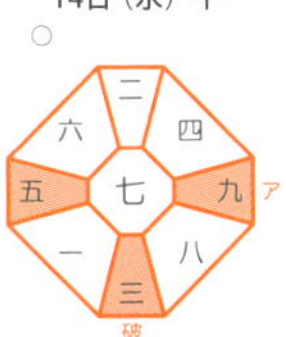

15日（木）未

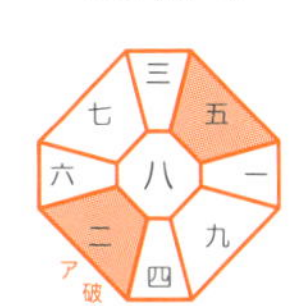

16日（金）申

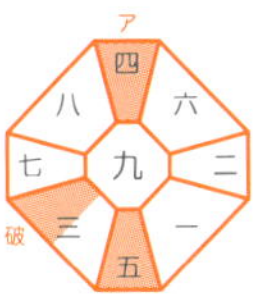

17日（土）酉

18日（日）戌

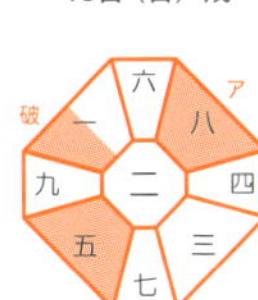

19日（月）亥

20日（火）子

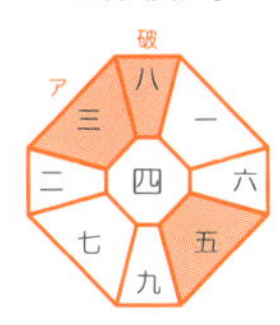

21日（水）丑

冬至

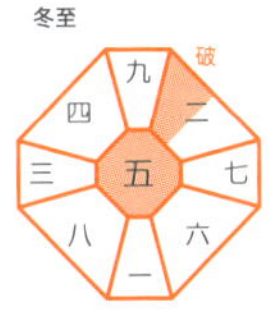

22日（木）寅

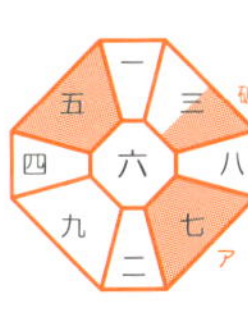

23日（金）卯

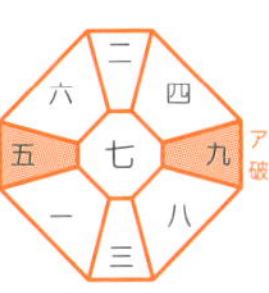

24日（土）辰

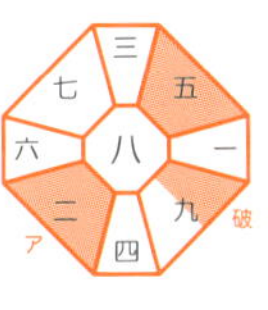

25日（日）巳

26日（月）午

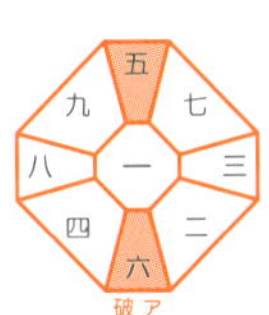

27日（火）未

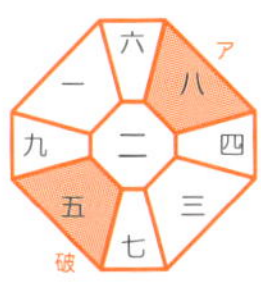

28日（水）申

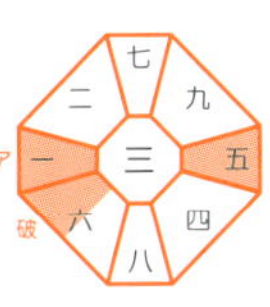

29日（木）酉

●

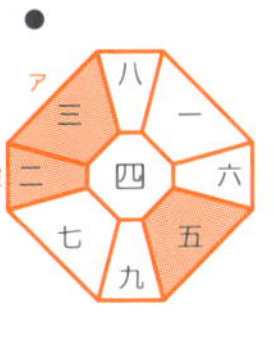

30日（金）戌

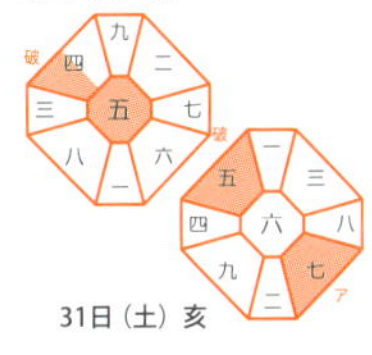

31日（土）亥

【2017年 1月の日盤】 ●新月／○満月

2017年 1月の月盤（1/5～ 2/3）

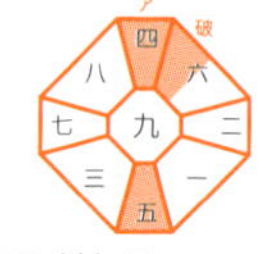

1日（日）子

2日（月）丑

3日（火）寅

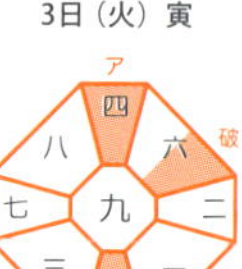

4日（水）卯

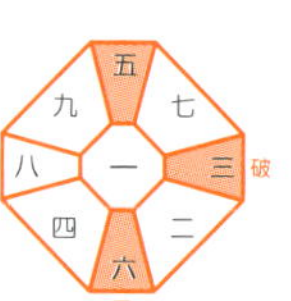

5日（木）辰
小寒

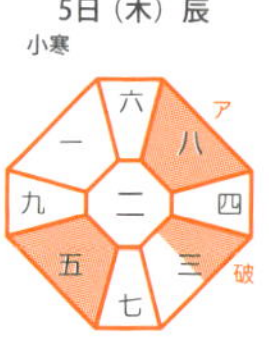

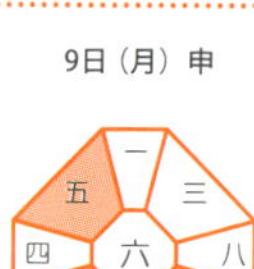

6日（金）巳

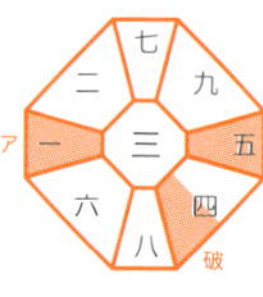

7日（土）午

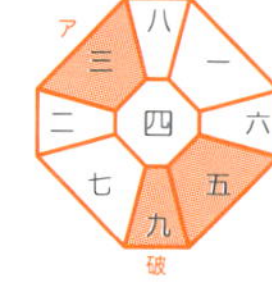

8日（日）未

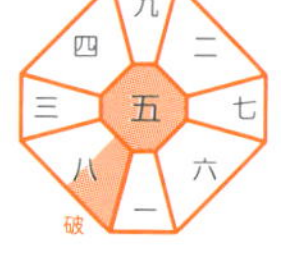

9日（月）申

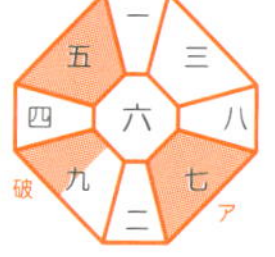

10日（火）酉

11日（水）戌

12日（木）亥
○

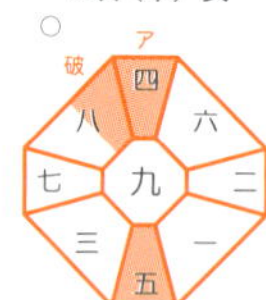

13日（金）子

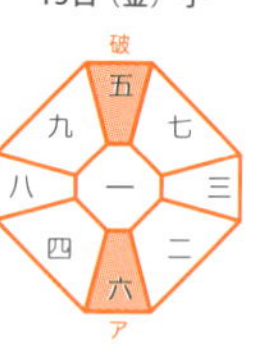

14日（土）丑

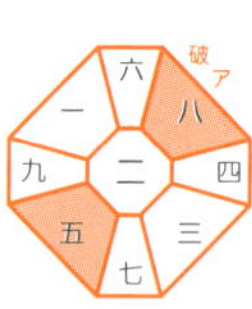

15日（日）寅

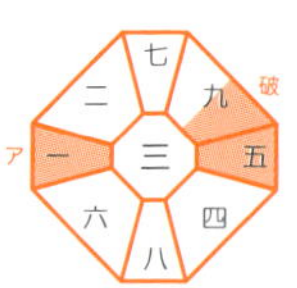

16日（月）卯

17日（火）辰

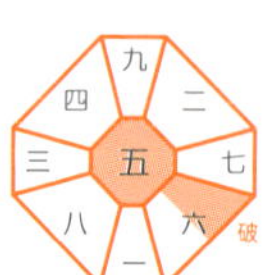

18日（水）巳

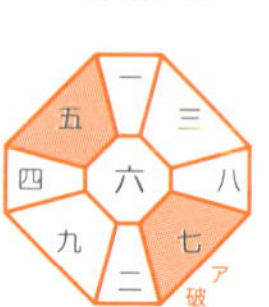

19日（木）午

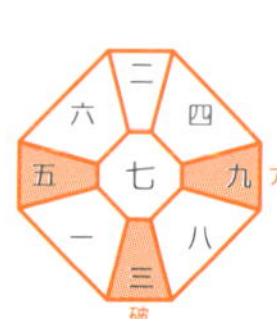

20日（金）未
大寒

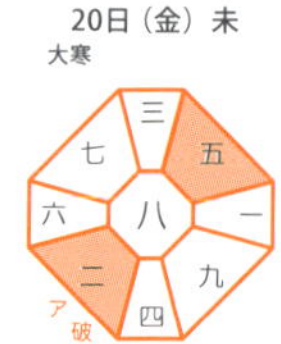

21日（土）申

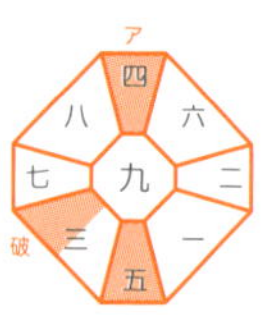

22日（日）酉

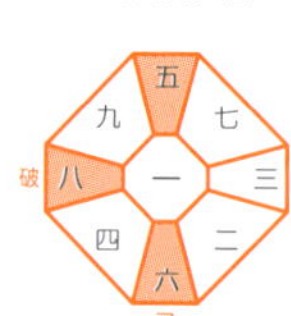

23日（月）戌

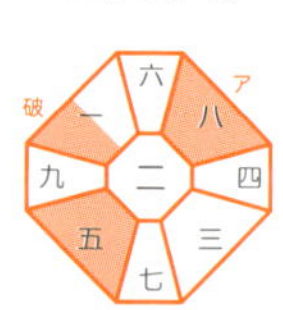

24日（火）亥

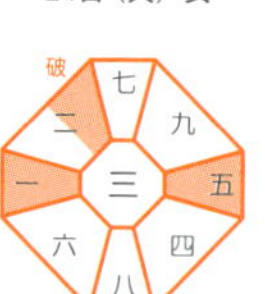

25日（水）子

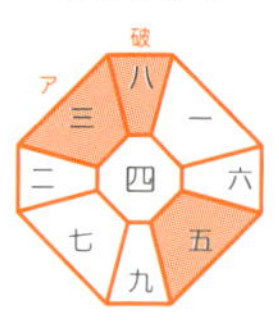

26日（木）丑

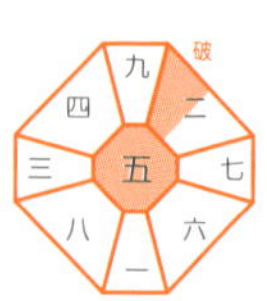

27日（金）寅

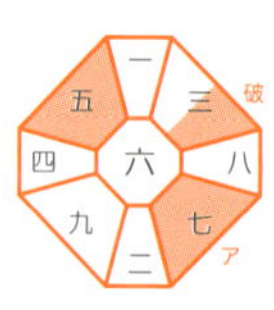

28日（土）卯
●

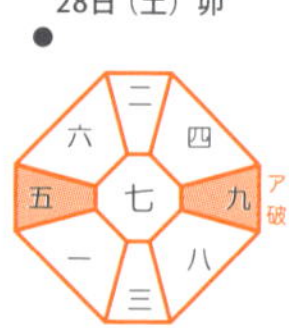

29日（日）辰

30日（月）巳

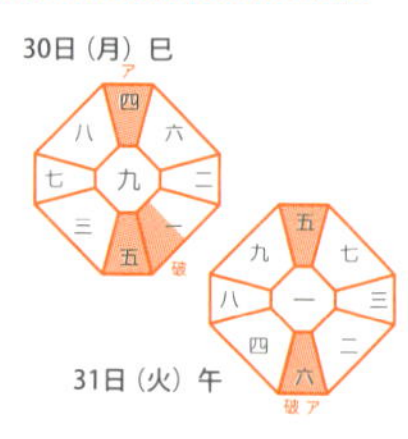

31日（火）午

付録② 旅行に役立つ方位表

＜東京都庁からの各都市の方位＞

東	銚子、成田、千葉
東南	勝浦
南	三浦、八丈島
南西	伊豆、伊勢、高野山、高知、長崎、熊本、宮崎、鹿児島、那覇
西	甲府、名古屋、岐阜、京都、大阪、岡山、出雲、広島、福岡
北西	高崎、長野、金沢
北	宇都宮、新潟、秋田、青森、札幌、小樽
東北	水戸、福島、仙台、盛岡、釧路

＜大阪府庁から各都市の方位＞

東	奈良、伊勢、静岡、伊豆、横浜、勝浦
東南	熊野
南	河内長野、高野山、南紀白浜
南西	徳島、高知、長崎、熊本、宮崎、鹿児島、那覇
西	神戸、岡山、広島、福岡
北西	鳥取、出雲、米子、松江
北	亀岡、舞鶴
東北	京都、名古屋、金沢、長野、東京、新潟、仙台、盛岡、秋田、青森、札幌

＜日本（東京都庁）からの海外主要都市の方位＞

東	ホノルル、サンティアゴ、ブエノスアイレス
東南	サイパン、フィジー、タヒチ、ニュージーランド
南	グアム、シドニー、メルボルン
南西	台北、マニラ、シンガポール、バンコク、ジャカルタ、パース
西	ソウル、上海、バンコク、ナイロビ、ボンベイ、スリランカ
北西	北京、ロンドン、パリ、ベルリン、ローマ、アテネ ストックホルム、モスクワ、カイロ、テヘラン
北	ハバロフスク、アイスランド、グリーンランド
東北	ニューヨーク、サンフランシスコ、メキシコシティ、バンクーバー パナマ、リマ、リオデジャネイロ

※上記は大体の目安です。ご自宅からきちんと調べてみることをおすすめします。

東京都庁からの方位

北
北西
東北
札幌
仙台
新潟
西
東
名古屋
東京
大阪
福岡
高知
南西
南
東南